同行二人・四國遍路

扎西拉姆・多多
林聰
／著

目次

關於旅行這件事 8

一 漫漫的追尋之旅——朝聖的歷史與文化 13

二 一條省思重生之路——四國遍路概說 25

帶上你愛的人，去走四國遍路吧 26

「一位聖者，一個罪人，一條四國遍路」 26

「同行二人之愛，相互供養之恩」 29

「方便為究竟，如實知自心」 31

「人生即遍路」 35

三 白衣行者的決心——預備遍路 37

四 心靈修行成長的歷程——如何朝聖 57

五 京都三弘法 71

〔寫於遍路上的詩歌〕 74

・東寺 76

・仁和寺 82

・神光院 84

〔寫於遍路上的詩歌〕 86

六　發心道場：德島／阿波國　89

・第1番：靈山寺　91
・第2番：極樂寺　94
・第3番：金泉寺　96
・第4番：大日寺　97
・第5番：地藏寺　98
・第6番：安樂寺　100
・第7番：十樂寺　102
・第8番：熊谷寺　103
・第9番：法輪寺　105
・第10番：切幡寺　106
〔寫於遍路上的詩歌〕　108
・第11番：藤井寺　110
・第12番：燒山寺　112
・第13番：大日寺　114
・第14番：常樂寺　116
・第15番：國分寺　118
・第16番：觀音寺　120
・第17番：井戶寺　122
・第18番：恩山寺　124
・第19番：立江寺　126
・第20番：鶴林寺　128

〔寫於遍路上的詩歌〕　130
・第21番：太龍寺　132
・第22番：平等寺　134
・第23番：藥王寺　136

七　修行道場：高知／土佐國　139

・第24番：最御崎寺　140
・第25番：津照寺　142
・第26番：金剛頂寺　143
・第27番：神峰寺　144
・第28番：大日寺　146
・第29番：國分寺　147
・第30番：善樂寺　148
〔寫於遍路上的詩歌〕　150
・第31番：竹林寺　152
・第32番：禪師峰寺　154
・第33番：雪蹊寺　155
・第34番：種間寺　156
・第35番：清瀧寺　157
・第36番：青龍寺　158
・第37番：岩本寺　160
・第38番：金剛福寺　162
・第39番：延光寺　164

八 菩提道場：愛媛／伊予國 165

・第40番：觀自在寺 167
〔寫於遍路上的詩歌〕 168
・第41番：龍光寺 170
・第42番：佛木寺 171
・第43番：明石寺 172
・第44番：大寶寺 174
・第45番：岩屋寺 176
・第46番：淨瑠璃寺 178
・第47番：八坂寺 180
・第48番：西林寺 181
・第49番：淨土寺 183
・第50番：繁多寺 184
〔寫於遍路上的詩歌〕 186
・第51番：石手寺 188
・第52番：太山寺 191
・第53番：圓明寺 193
・第54番：延命寺 195
・第55番：南光坊 196
・第56番：泰山寺 198
・第57番：榮福寺 199
・第58番：仙遊寺 201
・第59番：國分寺 203
・第60番：橫峰寺 205
〔寫於遍路上的詩歌〕 206
・第61番：香園寺 208
・第62番：寶壽寺 210
・第63番：吉祥寺 211
・第64番：前神寺 213
・第65番：三角寺 214

九 涅槃道場：香川／讚岐國 215

・第66番：雲邊寺 216
・第67番：大興寺 218
・第68番：神惠院 219
・第69番：觀音寺 220
・第70番：本山寺 222
〔寫於遍路上的詩歌〕 224
・第71番：彌谷寺 226
・第72番：曼荼羅寺 228
・第73番：出釋迦寺 229
・第74番：甲山寺 231
・第75番：善通寺 232
・第76番：金倉寺 234
・第77番：道隆寺 236

・第78番：鄉照寺 238
・第79番：天皇寺 240
・第80番：國分寺 242
〔寫於遍路上的詩歌〕 244
・第81番：白峰寺 246
・第82番：根香寺 247
・第83番：一宮寺 249
・第84番：屋島寺 251
・第85番：八栗寺 253
・第86番：志度寺 255
・第87番：長尾寺 256
・第88番：大窪寺 258
〔寫於遍路上的詩歌〕 260
〔寫於遍路上的詩歌〕 262

十　別格寺院和高野山 265

〔寫於遍路上的詩歌〕 270
・別格第1番：大山寺 272
・別格第2番：童學寺 273
・別格第3番：慈眼寺 274
・別格第4番：八坂寺 275
・別格第5番：大善寺 277
・別格第6番：福壽寺 278
・別格第7番：出石寺 279
・別格第8番：永德寺 280
・別格第9番：文殊院 282
・別格第10番：西山興隆寺 283
〔寫於遍路上的詩歌〕 284
・別格第11番：正善寺 286
・別格第12番：延命寺 287
・別格第13番：仙龍寺 288
・別格第14番：常福寺 289
・別格第15番：箸藏寺 290
・別格第16番：萩原寺 292
・別格第17番：神野寺 293
・別格第18番：海岸寺 294
・別格第19番：香西寺 296
・別格第20番：大瀧寺 297
〔寫於遍路上的詩歌〕 298
・高野山 300

十一　從利益眾生的角度出發——遍路見聞有感 305

〔寫於遍路上的詩歌〕 310

〔附錄〕遍路豆知識 313

〔寫於遍路上的詩歌〕 326
各寺一覽表 328

關於旅行這件事

扎西拉姆．多多

一直以為，對於我們那漫長而深厚的生命，只要去順應就好了，多少隔世之宿緣是我們無法了知的，而又有多少撲面而來的遭遇是我們無法解悟的，那麼便隨順了這些因緣吧！不迎不拒。

直到年過四十，直到活出了一個自己可以親見的生命跨度，才知道有很多深意是可以被洞察的，有很多問題即使你從不追問，生命本身也已經為你緩緩說出了答案。就說旅行這件事，直到今天，真的是直到落筆寫下這篇文章的今天，我終於明白了它對於我的意義。

我們的生命中有一股原始的動力，每一個決定無一例外，都由它來作出，但它並不玄奧也不神祕，它僅僅是「想要快樂」的那個念頭。無論是挑選工作還是挑選衣服；無論是決定親近一個人還是離開一個人；無論是選擇把左腿搭在右腿上，還是雙手平放。我們只是想要快樂和舒適，如此而已。也許在意識層面我們不曾真的鉅細靡遺地去了別與抉擇，然而生命本身一直在為你做著決定——它要你快樂。快樂的反面，即是不自由與不誠實，可以說，自由與誠實，才是快樂的本質。可我們是否達成了生命的願景呢？我們是否對生命有所辜負？隨著年齡的增長，是什麼讓我們以尋求快樂之名奮鬥、爭取、積攢、守持，卻結果越活越無趣，越來越不自由、不真實？

如果你沒有任何的期待與預設，如果你從未接受任何的限定，如果你是完全開放的，你便是自由

的，生命本質上的自由。而誠實，就是如其本性地活著，忠於自我，並善用種種的機緣，以充分展現自我的存在樣態。可要放下成長過程中不斷累積的偏見與歧視又是那麼的困難，難如放下我們自己——因為正是我們的見解，我們對事物的看法，令我們可以識別這個世界，也令世界識別了我們。可是，我們的見解總難免偏頗，我們的看法充滿了歧義，所以每個人所看到的世界，千差萬別；因了這差異，我們注定爭吵，在無休止的爭吵中，我們又注定了孤獨。然而，沒有偏見與歧視，全然開放的狀態，其實恰恰是嬰兒的原生狀態，這種在我們成年之後，物質世界已經無法予以安撫、因此只能從精神領域尋找的狀態，恰恰是我們與生俱來的，自由與誠實。

我是在談旅行嗎？是的。因為終於洞察到了以上所說的困頓與孤獨，才讓我終於明瞭，旅行為什麼能給我帶來新生感。周國平說：「詩是找回那看世界的第一瞥。詩解除了因熟視無睹而產生的惰性，使平凡的事物回復到它新奇的初生狀態。」旅行，就是我的詩，旅途，就是我的初生地。

一次次將自己投放於陌生的境域，享受著無知帶來的開放感，在開放中重新審視自己，重新認識世界，這是一種外相上的出離，出離帶來了自由。也許有的人會說：旅行、尤其是朝聖，也不是真正的自由，那也是一種受限，受限於特定的歷史路線，受限於特定的文化傳承，甚至還有戒律，更受限於語言、飲食與交通工具。在此似乎出現一個矛盾：朝聖路上的我的存在處境，到底算是自由還是不自由呢？我們可以換一個角度來看：於集體無意識之中，接受了金錢的暴行以及市場的蠻橫，我們欣然套上了金錢的枷鎖，並一生與之相伴，就像役馬一樣；與那樣的不自由相比，這種暫時的「脫軌」，蓄謀已久的「背叛」，沿著既定路線而朝聖的不自由，不正是基於我的自由選擇而成立的嗎？則我根本上還是自由的，連「這不自由也是我的自由」的一種詭譎的呈現方式。所以這「不自由」只是一個假相，自由才是我的究極本質——雖然它可能只在一生僅有一次的朝聖路上得到了昭彰，但它將畢生提醒我，我擁有「選擇的自由」。

同時朝聖也是朝向內心的前進，這是一種探索未知的嘗試，同時也是發現本來的方式。當下的中國社會，既清流曲折，亦有濁流迴繞；既生機盎然，亦有腐敗枯朽；既源源創造，亦有過度消耗；既大夢初醒，亦有虛妄再造；既佛光普照，亦有魔王圈套。這種種外相下的實相是什麼？這種種因緣之後的因果是什麼？我還不知道。但是我相信：一切的集體現象，都有著個體的淵源，個人的業力決定了社會的共業，個體意志影響了集體意識。我相信：只要勇敢而堅定地走向自己的深處，就能到達一切人的所來之處，照見一切人的本來面目。這就是「究竟上的誠實」。

所以我決定，從個體生命體驗與實證出發，用出發的決心與意志回歸，回歸心靈的原鄉。現在的我才懂得，旅行不是為了去到某個地方，而是為了學會，無論身處何方，都全然地與自己同在——如此便可，遊行人間，無有恐懼、無有滯礙。

我的生命以行走的形式，將此生的功課交付於我，你的生命，也一定正通過某種聲音，要與你對談。如果一天，我們在人間相遇，你一定要跟我說說，你聽到的那些靈魂祕語，而我，也一定會邀你共睹生命中的吉光片羽。

一 漫漫的追尋之旅——

朝聖的歷史與文化

林聰

歷史上，在不同的國家、不同的地域和不同的信仰中，都不約而同有著朝聖的悠久傳承及朝聖文化。

朝聖的傳統定義，是遠離家庭、親友、財產等一切外在牽絆，把個人安逸、世俗享樂、親友情誼、外表虛榮放棄，並非為了個人榮譽，也忘記出身貴賤、種族優劣、個人成就、社會地位，而朝著某個特定地點前進，並在最後「純潔無暇地歸回」。這是一種精神上的洗禮、心靈上的重生。

大部分宗教朝聖活動，都以某個或某幾個地理上的定點，如麥加之於伊斯蘭教、耶路撒冷之於基督教、聖城拉薩之於藏傳佛教等，將其作為朝聖者的路線、座標或終點。然而，在早期基督教中，卻有一派稱為「白殉道者」的朝聖者，他們離開家鄉而到處流浪、四處為家。這是一種宗教上的苦行，並無一個特定的、地理上的終站。朝聖者放棄所熟悉的家鄉，把生命完全託付予心目中的神明，去到遙遠的歐洲異教國度弘揚教義，最後在其視為適合的地方、時間中止旅途，定居下來。許多至今尚存的基督教大型修道院，便是由這批早期流浪朝聖者所創辦的。在藏傳佛教的某些修行法門中，亦有著終生流浪的朝聖傳統。

如果回看人類歷史，會吃驚地發現，在物質和科技不斷更新發展的同時，心靈層面的「朝聖」卻沿襲了古老而傳統的步伐。

在早期希伯來歷史上，成千上萬的朝聖者，曾經從不同國家和地區，朝著共同的方向，走向其心目中的聖城耶路撒冷瞻禮聖跡。

希臘和羅馬，同樣有豐富的朝聖歷史。早在西元前七世紀的希臘大陸，每四年一度，千千萬萬的朝聖者湧向奧林匹克城的宙斯神殿朝覲。最初的奧運會，便與這四年一度的朝聖活動有不可切割的關係，甚至有不少歷史學家認為，最初的奧運會是由宗教朝聖活動而催化誕生的。

伊斯蘭教的朝聖

一年一度、無人組織的伊斯蘭朝聖活動，是世上最壯觀的國際性集會之一。幾百萬來自不同種族、不同膚色、語言、文化、經濟狀況、教育背景的教徒，為了同一目的，穿著同一服式，以同一動作進行同樣的祈禱。在伊斯蘭教裡，朝覲稱為「哈吉」（Hajj），專指到麥加朝覲。「哈吉」是伊斯蘭教的五大功修之一，凡具備條件的信徒一生去麥加朝覲一次是「主命」。朝聖者穿上簡單的戒衣上路，千里迢迢前往受戒。在帳篷營地住一天一夜後，便開始正式朝拜活動。在活動的尾聲，朝聖者剃頭、剪指甲或剪去一點頭髮，脫下戒衣換上便服，再進行一次「辭朝」作為告別，朝覲方告圓滿。

印度教的朝聖

印度教的朝聖歷史，也許是人類史上最悠久的了，其最初起源難以追溯。在每十二年一次的朝聖節（Kumbh Mela），數以百萬計教徒聚集在恆河進行沐浴，並作種種修行、聽經活動，為期一個多月。每屆朝聖節的具體舉辦地點都在恆河流域上，但每次並不相同，其決定方式與天文星象相關。每逢太陽和木星聚集獅子宮，朝聖節在納西克（Nashik）舉行；逢兩者都在天蠍宮的年份，信徒便於烏賈因（Ujjain）聚集；若太陽在白羊宮而木星在獅子宮，朝聖節則在哈德瓦（Hardwar）舉行；逢木星在金牛宮、太陽在摩羯宮的組合，主辦地點為阿拉哈巴德（Allahabad）。每一百四十四年，是大朝聖節（Maha Kumbh Mela）。最近一次的大朝聖節是二〇〇一年，參與人數高達六千萬，成為人類歷史上大型聚會的最高紀錄。

▪基督教的朝聖

在基督教內，也有極為豐富的朝聖文化和悠久的朝聖歷史。從基督教創立的早期開始，教徒便有前往耶路撒冷、沿著耶穌當年受難時走過的「苦路」（Via Dolorosa）朝拜的修行傳統。在後期發展出的「苦路十四站」，可說是基督教的獨特朝聖文化。每年復活節期間，在世界上幾乎每一座天主教堂中，無法親往耶路撒冷的信徒，則齊集本地教堂中一起繞行。他們先後在十四幅畫像下停頓默想，紀念耶穌背負十字架走往刑場所經的十四個地點，作為一種象徵式的朝聖旅程。

對西方歷史、文化傳播有極深遠影響的十字軍組織，最初正是為沿途保護朝聖者的目的而創辦。隨著後期的東征，及因應朝聖者的需要，十字軍組織又創立了錢莊、借貸服務，更發明了獨特的密碼系統，以保障金錢的傳遞安全性。我們可以說，現代的銀行體系直接源自於中世紀的基督教朝聖活動。

早期的基督教朝聖者，有約定俗成的服飾：身穿棕黑色長袍，頭戴寬帽，手執木杖，肩掛錢包和水瓶。在他們身上，佩戴著一種特殊的粗糙金屬佩章，約為五公分，而且一般都會出現扇貝圖案。這種朝聖佩章有很悠久的歷史，最早者起碼能追溯至十二世紀。它們是朝聖者的護身物、紀念品，其中一些特製版也作為圓滿完成朝聖的證明。

扇貝圖案一向與歐洲朝聖傳統相關。它之所以被用作朝聖的象徵，是因為其散發狀的圖案紋絡匯合於貝殼底部，象徵各地朝聖者分別從星散於各處的家鄉出發，最終會師於同一地點。時至今日，扇貝象徵仍廣泛見於朝聖文化中。在西班牙的基督教聖地，綿延上千公里的路徑，有著各種各樣的扇貝象徵，路牌上、路邊牆壁上、路中間的地面上、公路上，遍地都是，為朝聖者提供指引。聖地的長期居民、店鋪甚至政府辦公大樓等，也喜歡在面對朝聖路的花園、房牆掛上扇貝飾物，向遠道而來的朝聖者致敬。由金球獎得主、老牌演技派明星馬丁・辛（Martin Sheen）主演的得獎電影《朝聖之路：聖雅各》（The Way），正是描繪這條千年朝聖路的傳統及朝聖者心理歷程的。

歐洲中世紀朝聖服飾

歐洲朝聖者隨身佩戴的扇貝飾物

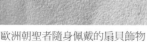

佛教的朝聖

而在佛教中，最原始的朝聖地點是紀念本師釋迦牟尼的四大聖地，即藍毘尼（Lumbini）、菩提伽耶（Bodh-gayā）、鹿野苑（Sarnath）及拘尸那揭羅（Kuśi-nagara）。

藍毘尼位於尼泊爾西部，乃悉達多太子出生地。《佛國記》和《大唐西域記》中記述，晉代的法顯法師和唐代的玄奘法師，分別曾於西元四〇五年和六三三年到此瞻禮，法顯法師更是最早來此訪問，並留有真實紀錄的第一個外國人。在歷史的戰亂歲月中，藍毘尼曾數度被人們遺忘，但卻憑著古印度阿育王所立石柱及中國之《佛國記》、《大唐西域記》等線索，一度又一度被重新發掘出來。在這裡，現在尚存標誌佛陀精確出生地點的石頭，上面有一個小腳印，相傳為佛陀出生時在石上踏出。

菩提伽耶在印度中部現今的比哈爾邦（Bihār）省。這是釋迦牟尼的成道處，故被佛教視為世上最神聖的地點。城內著名的大覺塔為印度阿育王所建。大覺塔是一座下方上尖的佛塔，高五十公尺，頂部為圓柱狀，上立一銅製螺旋圓頂。塔中供有形態各異的佛像，包括主殿所供奉的一座釋迦牟尼二十五歲等身像，這尊佛像被普遍視為世上比例最完美的佛像。此尊等身像，與拉薩大昭寺的十二歲像、小昭寺八歲像，乃世上僅存的三尊依照釋迦牟尼成道前不同年齡身相製造，並由釋迦牟尼親自主持開光的佛像。

大覺塔旁的菩提樹，及樹下的石座所在，便是佛陀當年示現悟道之確切地點，被稱為「金剛座」。近代曾在此發現五方北宋前期的漢文碑刻，現存於加爾各答博物館。塔的周邊，還有村女善生供奉乳粥遺址（此即漢地食臘八粥習俗的典故來源）、釋迦牟尼留影窟遺址、佛教史上最重要的佛教大學那蘭陀寺（唐玄奘法師亦曾在此處進修）、靈鷲山（佛陀當年開示《心經》、《妙法蓮華經》之處）等。

鹿野苑是佛陀最初說法處。佛陀示現悟道後，便到了此地，向五位弟子開示了四聖諦教法。在佛教中，這個歷史性的時刻被稱為「初轉法輪」。從這裡開始，佛陀走遍了印度，說法四十五年，講經三百餘會，度化弟子無數。兩千多年以來，這些教義傳遍全球，教徒超過五億之數。

拘尸那揭羅是佛陀圓寂處，位於印度與尼泊爾邊界。在兩千多年前、世壽八十歲時，釋迦牟尼來到此處，在河裡洗了澡，枕著右手側身臥著，以頭朝北、腳朝南的姿勢示現圓寂之相。

以上四個地點，是釋迦牟尼在《大涅槃經》等開示中親自指定的朝聖地點，故此成為各宗派共同的原始朝聖處。早在佛陀入滅年代後不久，佛教已經產生朝聖活動。在每年陰曆四月佛誕日，印度各地的佛陀親傳弟子，會前往菩提伽耶金剛座舉行紀念儀式。隨著佛法的傳播，來自亞洲各國的信徒，也熱衷於朝拜印度聖地進香。不幸地，約於十四世紀前後，印度本地發生了政治變化，佛教幾乎被滅絕，朝聖活動被逼中斷多個世紀之久，這些聖地也隨之「失蹤」。遲至十九世紀末，英國考古學會的學者去到印度，考據《佛國記》和《大唐西域記》等印度以外的佛教文獻，方重新把這些聖地挖掘出土。從重新出土到現在這一百多年來，世界各地佛教徒前往四聖地朝香的活動再逐漸恢復。在二〇〇二年，菩提伽耶大覺塔更入選聯合國世界文化遺產名錄。

除印度佛教聖地以外，佛教各宗派在兩百多年來，也陸續發展出地域性的聖地及獨特朝聖傳統。

在佛教眾多宗派中，藏傳佛教朝聖風氣之興盛可說是無出其右。在藏族文化裡，一個人如果決定往拉薩朝聖，一旦話說出口了，上至藏王、下至父母和兒女，不論心裡認同與否，都無權阻止。

除了印度的聖地外，藏族佛教徒的主要朝聖目標是拉薩、聖湖、岡底斯山及漢地五台山等。千百年來，許多西藏人變賣全部財產上路，經年累月，一步一拜，以身體覆蓋全程，向著其目標進發。藏人一般樂於布施貧窮的香客，靠討飯為生、一路拜到拉薩的香客大有人在。

在古代，遠途朝聖並不安全，然而這並沒能阻攔千百年來藏族香客的決心。古代的藏族香客之間，還有一種不成文的默契：如果有香客死在路上，別的陌生朝聖者經過時，會取死者的牙齒順便帶上，視為當然責任。在最後到達時，牙齒會被塞進大昭寺某根柱頭上，代表把陌生的同路者帶到了等身像前、完成了死者的願望。

在漢傳佛教中，也曾存在著很深厚的朝香文化。古代的僧尼，有遍行天下、遊歷各地寺院、參訪各地名山長老求學的雲遊傳統。憑著漢地獨有、全國通行的出家戒牒，雲遊僧可

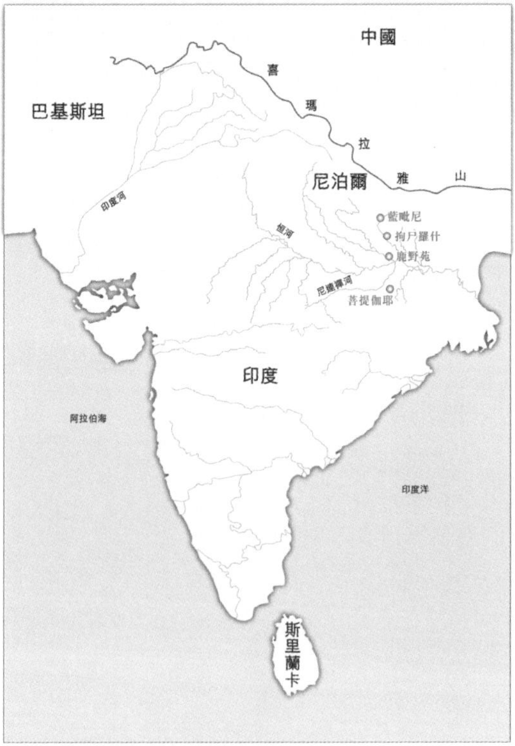

印度四大佛教聖地

到任何佛教甚至道教寺廟免費暫住，故出現清順治帝所著之「天下叢林飯似山，缽盂到處任君餐」的形容。凡是受過具足戒的比丘，都可以憑著戒牒，以行腳僧的身分投靠陌生寺廟。這種借宿暫住稱為「掛單」，有其獨特文化、規矩及儀式：

雲遊僧先至客堂掛單，人往東邊凳子坐，衣單放在西單門口外，等候茶房或侍者來問候。

知客師來問候時，雲遊僧說：「頂禮知客師父。」

知客師答：「問訊。」雲遊僧即問訊。

知客師坐下，雲遊僧也隨之坐下。此時，知客師會問話：「從何來？上下何名？來為何事？」

佛陀成道聖地菩提伽耶

佛陀出生地藍毗尼園

佛陀圓寂處拘尸羅什

佛陀初次說法處鹿野苑

雲遊僧若準備求宿短期數日，在自報名字及祖寺後即言：「打擾常住掛單。」知客師檢閱戒牒後，由侍者領至雲水堂。知客師會在此請掛單者先禮佛三拜，然後頂禮寮元師父。

此後，寮元師喊：「送知客師回寮。」此刻學人要跟前至門檻目送知客師，直至不見身影才轉頭，再聽寮元師父的吩咐，交待注意事項及寺院日程。

凡是出家受戒者，在學戒時都必須學習這套通行於任何佛教寺院甚至道觀的掛單借宿禮儀。

漢傳佛教的在家信徒，一向有前往山西五台山、浙江普陀山、四川峨眉山、安徽九華山進香的風氣。這四處聖地，合稱「四大名山」，分別是文殊、觀音、普賢、地藏大士的聖山。信眾在進行朝香時，身穿稱為「海青」的戒衣，肩負用來裝載香枝、隨身雜物的「香袋」，以步行甚至一步一拜的方式上山朝禮。在朝拜寺院時，寺方會在香客的香袋上蓋章，以茲紀念、證明。

在台灣的民間佛、道信仰中，更有租用旅遊巴士，穿上統一的朝聖專服，帶著其原屬寺廟的佛像、神像集體往各地進香的獨特習俗。

比對漢傳佛教，日本佛教的朝聖文化可說有過之而無不及。前面提過，漢地進香者有在香袋上蓋上所至寺院印章的習俗。在日本，這種傳統更為具體。在漢地，除普陀山某幾座大寺、五台山菩薩頂外，只有少數幾座寺院能提供傳統的蓋章服務。在其他寺院中，大多並無古印，也沒有為香客蓋章紀念的習慣。在絕大部分日本寺院，只要付出象徵式的小額供養，寺僧便會蓋上寺院古印，並用毛筆寫上參拜日期、寺院名稱。這種紀念性的紀錄稱為「御朱印」，有的簡樸，也有的極為花俏，是信徒喜愛蒐集的進香紀念。

朝聖作為一種遍及所有種族、所有宗教和所有地域的文化及傳統，其源頭已難追溯。第一批的朝聖者是誰？怎樣的念頭驅使他們開始朝聖？歷史上已無可考。然而有一些是可以確定的：他們做了一個減法，放下（哪怕是暫時的放下）金錢、權柄、愛欲等一切常人渴慕的東西，將有著無數世俗身分重疊和捆縛的自己，還原到最原初和本真的「個人」；又做了一個加法，在朝聖起初便制定出某些獨特的朝聖裝束、隨身器具、行為規範等，它們類似於一個濃縮的銘記，讓自己在這些表義中能不忘初心。

第一代朝聖者們就這樣踏上了漫漫的追尋之旅——他們追尋過往聖哲的痕跡，亦在這些追尋中令自己的足跡與聖哲們的足跡重疊。在最初的尋求心靈昇華和重生的過程中，有些朝聖者最終自己也成為了聖哲，他們所行止的地方也成了聖跡。接下來，有了第二代朝聖者、第三代朝聖者……朝聖傳統逐漸約定俗成，一代代地沿襲至今，成為豐富而具備深邃含義的文化。

聖地是一個處所，但又不僅僅是處所；朝聖是身體上的挪移，但又不僅僅是挪移。倘若對朝聖文化有所了解，行走在聖跡履遍之處，在回溯中便能穿越幾千年的時光，聽到古代朝聖者低聲的吟哦和祈禱，貼合著他們曾觸摸過的大地或台柱的餘溫，感受著永恆的真理如閃光的箭鏃般貫穿自己的心。此時，聖地才完全成其為聖地，朝聖者也才完全成其為朝聖者。

二　一條省思重生之路——四國遍路概說

扎西拉姆・多多

帶上你愛的人，去走四國遍路吧

我曾經想像過，如果有人向我求婚，我會先邀他與我一起四國遍路：徒步一千兩百公里，穿越四個日本古國，巡拜八十八座寺院。在山，手指為荊棘所破；在海，鞋子被沫浪舔食。風來，他的白衣裹緊；雨來，我的斗笠低垂。我們同憐古階上的寂寞苔痕，又癡笑落花之死狂。道後溫泉的水濯過我們起泡的雙足；瀨戶內海的一片澄明剛好，化解心中的晦暗不明。然後，我才可以決定，未來的路，是否可以二人同行，一復一日，一步一心。

「一位聖者，一個罪人，一條四國遍路」

四國遍路，是日本一條已有一千兩百年歷史的古老朝聖路線，而我，正好是在一千兩百周年紀念的最後時分，第一次踏上這條路。

傳統的宗教朝聖之旅，大多是循著聖者的足跡前往教主、聖人的出生或弘化之地，慕古而思憶，禮敬並祈禱。日本的四國遍路，卻以罪人為開祖，其實是一條省思重生之路。

「遍路」是日語詞彙，意思是「參拜、朝聖、巡禮」。同時「遍路」的日語發音又與「偏僻之路」相同，所以遍路也有「前往偏僻之地」的意思。而「四國遍路」，是日本人對巡禮四國島上八十八座佛教寺院的特定稱謂。這八十八座寺院皆與真言宗第八祖、日本真言宗的開山祖師——空海大師——有關係。

空海大師俗名佐伯真魚，本就出生於此島上的古讚岐國，即今日之香川縣。大師於唐德宗貞元二十年（西元八〇四年）入唐，師於西安青龍寺、惠果大師門下，受獲傳承付法，賜受灌頂法號：「遍照金剛」。大師回到日本，於弘仁六年（西元八一五年）再次回到島上行腳、佈教，所到之處留下種種勝跡。不過，空海大師卻並不是四國遍路的開創者。

四國遍路之緣起，還要從衛門三郎說起。衛門三郎曾是一位貪吝、不仁的富翁，一日，他的家中來了一位化緣的行腳僧，本來梵文「比丘」，就是「乞士」之義，食時乞討也非過分，衛門三郎卻不但不予施食，更對僧人拳腳相加、惡語相向，更將僧人手中的缽打落在地，碎成八瓣。僧人卻也並不嗔惱，只是轉身默默離開。可

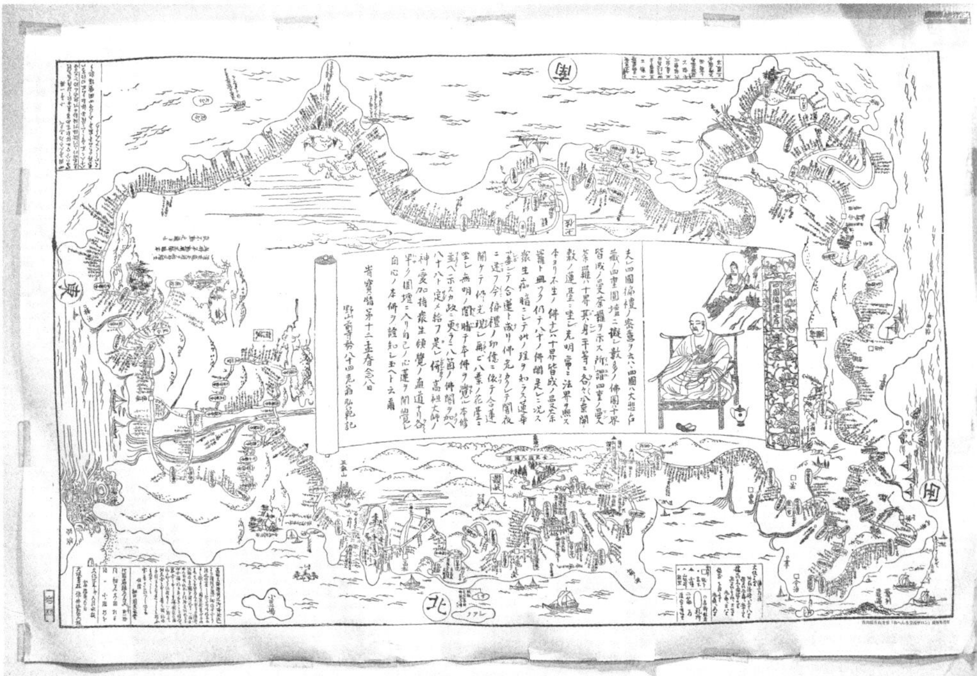

古代遍路地圖

事隔不久，衛門三郎的八個兒子，竟相繼病逝，哀痛不已的衛門三郎方才醒覺，自己之前的惡劣行徑，怕是傷害了聖人，所以得此報應。於是，衛門三郎決定出門尋找這位行腳僧人，並真誠地向他懺悔。可是衛門三郎巡遊四國二十餘次，一一參訪各所寺院，都沒能再次遇見當日的行腳僧，於是他決定反方向巡遊，嘗試著逆走，看能否遇上那位神祕的聖者。

長期的餐風露宿使得衛門三郎筋疲力竭，終於在燒山寺附近倒下。就在他意識模糊之際，空海大師出現了，原來他就是當日的那位行腳僧。大師不光原諒了衛門三郎過去的惡行，還接受了他的皈依，幫助彌留之際的三郎超度，預言他來生將會轉世為重情義之人。後人更因為當日被衛門三郎打落的僧缽裂為八瓣，而將衛門三郎稱為「八蓮大居士」。

衛門三郎一次次巡拜的謝罪之旅，就是今日四國遍路的原型：環島一千二百公里，穿越四個日本古國：阿波、土佐、伊予、讚岐，即今日的德島縣、高知縣、愛媛縣、香川縣。而衛門三郎最後一次的逆走，也是今日四國遍路「逆打年」的來源。每逢閏年，便是四國遍路的「逆打年」——以倒序巡禮八十八座寺院。

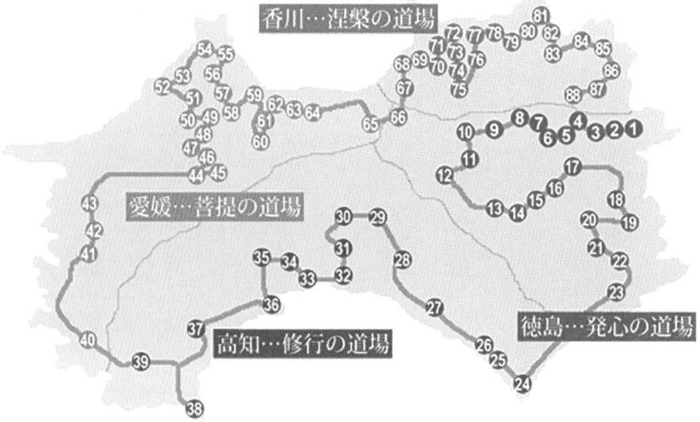

八十八寺所在地

「同行二人之愛，相互供養之恩」

這樣的一條朝聖之路，聽上去似乎並不適合浪漫的愛侶，但我卻真的認為，它很適合即將共赴一生的兩個人，攜手踐行。因為進入一段親密關係，也意味著一部分自我的死去，意味著，彼此妥協的同時，又要有一致的堅決。一條不算艱險但也並不輕鬆的巡拜之路，四十五天的朝夕相處、相互關照，可以是一次很好的生活小試煉。而朝聖本身的深刻意味，也會是人生抉擇之時的莫大加持。

一千兩百年來，四國遍路上的朝聖者都必須穿戴上一種獨特的裝束，這一傳統其實有著深沉的意義。遍路者所穿的白衣，象徵著逝者入殮時的壽衣；斗笠上寫有四句開悟偈：「迷故三界城，悟故十方空，本來無東西，何處有南北。」這四句偈語在日本常被書於棺材的頂蓋，所以斗笠所象徵的就是行者的棺材。遍路者手持的金剛杖，上書「同行二人」四字，並需要寫上行者自己的名字。金剛杖一來代表空海大師，一路上與大師同行，所以金剛杖不可以隨便放置，要視其與大師同等，要愛惜、敬護。一日終了，落宿之時，也要先洗淨金

同行二人之愛，相互供養之恩。

剛杖的底部——為大師濯足。二來，在古代，要巡遊四個古國，途中可能會遭遇毒蟲野獸、險要關隘、戰亂匪人……的確是時刻要與死亡並走，若行者意外亡故在路上，入殮後，這一根金剛杖將會被插於往生者的墳頭，作為行者的墓碑。所以這一身裝束所寓意的就是：遍路者應以赴死之心毅然上路，步步念死，每一步都在抖落塵勞，無有疑悔。

時至今日，遍路之行已經毫無危險了，沿途的設施，足以讓語言不通的外國朝聖者都能得到很好的照應。但這一份心懷無常的恭謹，難道不是人生行路中始終必須的心要嗎？正因為最最珍貴的往往脆弱易逝，正因為此時此刻無論是美好抑或艱辛，都不可能重來，我們才更要一生懸命守護彼此、感念當下。

在日本，遍路者之間還有這樣一個規矩：彼此相遇，不可以去打聽對方是出於何種因緣而開始遍路朝聖的。因為，能夠下此大決定，以赴死之心四國遍路之人，往往都有其罪與罰、苦與求，在朝聖路上相遇，便是罪人與罪人的相遇，苦者跟苦者的相見，不問過往，不問所欲何求，是彼此的默契。所以一路巡拜，雖然跟很多人都會一再地碰面，我們也只是禮貌地相互鞠個躬，互相為對方輕聲加油而已，卻甚少攀談，不作打聽。這不光是出於對日本人一貫的距離感的理解與尊重，也是四國遍路之上的一份獨特共識。

不過請稍等，要知道，在這看似疏離的同時，遍路上還有著一份更為獨特的熱情款待之禮，那就是「御接待」文化。

在四國遍路的途中，你會有很多次的機會，接受沿途民眾對你的布施，這就是日語中的「御接待」

之意。這不僅僅是因為你在遍路上乃是時刻與空海大師同行，民眾認為在布施於你的同時，也是在供養大師。此外，接受御接待對於遍路者本身而言，也是一種修行與修為——要懂得不能給他人添麻煩，不要抱有被接待是理所當然的想法，始終保持謙遜與感激的心情；要學會接納，愉快地接受款待，並回贈「納札」，也就是一種書有朝聖者名字生日、出生地等資訊的名片。哪怕體力消耗，身體疲憊，對途中遇到的遍路者和當地民眾，都要精神飽滿地致以問候。所謂「相互供養之恩」，便是朝聖者感謝民眾對自己的布施，民眾則感謝朝聖者給予他們布施的機會，雙方都充滿著歡喜。

很喜歡這一種微妙的距離，我們的親密關係之中往往缺乏的，正是這不問過往的尊重與有幸同行的感激，不是嗎？

「方便為究竟，如實知自心」

為著一個偉大的目標，光明的未來，我們勇敢地出發了，但是要知道，任何一條路上，都會有無數個令人想要放棄的瞬間。就像無邊的風雨與塵沙都無法阻擋的朝聖者，可能會為了一朵落花而停下；愛情的熱烈與濃厚，也可能會輸給婚姻細碎的日常。在最細微處用心，就是一種修行，無論是為愛，還是為悟。

在古代，四國遍路的方式唯有徒步一種，到了現代除了堅持徒步之外，還可以選擇包車、公共交通工具、自行車遍路等方式，都同樣算是完成了遍路之旅。但無論選擇的交通工具千年來有什麼變化，在進入寺廟後，禮拜的次第與禮儀卻依然是千年不變——

一禮

一禮，見面禮。

在日本，寺院往往都有山門，上書「某某山某某院」，這便是寺院的正式名稱了。在四國遍路上的寺院，還會標明第幾番，也就是巡拜的第幾站，遍路者便可依照番數順序巡拜。在山門之前，我們要先行一次鞠躬禮，懷著「現在開始請讓我們打擾了」的心意恭敬一禮。此處總是容易令人聯想到「餘生請請多多指教」的交付之情。

淨手

在進入山門之後，我們會看到一處「御手洗」水舍。在此處，我們要先清淨我們的身口意方可正式進入寺院。先以右手執長柄勺，清洗左手，再換左手執勺清洗右手，此為淨身；再右手執勺，左手掬水而飲，然後後退一步將漱口水吐在水槽之外，此為淨語；最後雙手執勺，狀如我們平日供香一般，將勺中剩餘的水倒出，緩緩順長柄流下，這一份為後來者洗淨自己用過的物件的關照之心，乃是淨意之喻。一個熟諳此禮的信徒，可以僅用一勺水就流暢地完成所有步驟。而那些電視劇或

淨手

者MTV裡，拿起長柄勺就直接舀水喝的場景，是完全錯誤的，在日本可千萬不要這麼做，是要遭到嫌棄的！

敲鐘

進入寺院，接下來會看到鐘樓。在日本，鐘、鑼、磬等法器，都是在進入寺院正式禮拜之前先敲，在離去的時候不能再敲，若是一時忘記了，就要重新回到大殿禮拜，否則會不祥瑞。若是看到有人正在念經、祈禱，也不能大聲敲鐘磬，要時刻惦念他人，不造成干擾。

投納札

接下來，就是要面向正殿，往納札箱中投入納札，如果之前你有抄寫經文，也可以將你的手書投入納札箱中。之前說過，納札是寫上了各人姓名、生日、地址的一張薄紙片，相當於名片，有的人也會在納札的背面寫上自己的心願或者抄寫一段《心經》，這都是可以的。

點燈、上香、結緣

再來就是點燈，上香和捐贈淨財了。供燈是祈求獲得如佛一般的出世間智慧，供香可清淨煩惱垢障，這與漢傳佛教意義是一樣的，只是在日本有一些貼心的小秩序，是我們值得學習的。為著要顧念後來者的緣故，在日本寺院點燈的時候，大家會自覺地從燈架的最裡面的上方開始放置，供香不超過三根線香，插香時從香爐的中間開始，香要插得正直，香頭稍微對著香爐的中心點，這樣後來者來供燈、上香的時候就不容易被燙到手了。捐香油錢在日本，信眾們不會追求金額，一般都只是往淨財箱放入五日円的硬幣，因為「五円」在日語裡是「緣分」（ご縁）的諧音，求個好緣起而已。

誦經

此時正式開始參拜，在本堂，也就是寺院的正殿之前合掌禮敬，背誦或念誦經典，一般誦皈依文之後誦《心經》，然後念迴向文即可。我有留意到的一點是，若是現場有超過兩組人在，大家都會心照不宣地壓低誦經的音量，盡量互不干擾。

參拜

在誦念經文之後，就可以去大師堂參拜了。在四國八十八靈場，每一個寺院都有大師堂，裡面供奉著空海大師。到大師堂前，也請重複之前的從投納札開始的各個步驟。

納經

最後便是納經了。最初，因為印刷術並未普及，印刷成本高昂，寺院會鼓勵讀書人在參訪寺院時，為寺院抄經，既是一種個人修行功德，也是幫助弘揚佛法、複製經典，這其實是一個在古代的中國就有的傳統。在日本，寺院將新抄本納入寺院的館藏中，所以日語稱為「納經」。當抄經人將自己所抄經文交給寺院時，寺僧會在白紙上以紅印泥蓋上寺院的印章，作為一種簽收證明與紀念，這種印章稱為「朱印」或者「御朱印」。

到了現代，抄經已並非必須，納經成為了收集寺院的蓋章、收穫加持的方式，是個人朝聖的紀錄與紀念。納經蓋印時，需要向寺院支付小額供養，全日本的寺院納經都會統一收取三百日円的納經費。我完成了兩次完整的四國遍路，所以在我的納經本上，每一頁都會有兩個朱印。是的，每次遍路我們都要帶上之前的納經本，無論走多少遍，會一直使用同一本納經本。在路上，我遇到過一生之中完成上百次遍路的朝聖者，他們的納經本因為蓋的朱印次數太多，已經變得一片通紅，甚是震撼！

參拜每一座寺院的流程都是一致的，並不複雜，不過是五、六個步驟而已，小一點的寺院，十五分鐘已經足以完成整個過程。然而對於初次接觸日本文化的我來說，一舉一動之中都要不忘對他人的體諒與關照，學習放下自我，改變習氣，真是一個需要適應的過程呢！好在遍路之上需要訪遍八十八座寺院，我有機會一再地練習，一再地感受被他人在乎有多麼的美好，從而於細微處一點一點學會如何在乎他人。我想，這也是一種無死的新生吧？

「人生即遍路」

我曾經兩次完成四國遍路，一次完成四國的二十別格朝聖，當然，沒有一次出發是因為有人向我求婚，也不是因為我心有祈求。

遍路的傳統之一，是在巡禮的路上，世俗的願望最好從始至終只致心祈求一個，這個願望便一定能夠實現。可我總是在越容易滿願的聖地，越不敢輕易許願啊！因為愈來愈覺得自己，於好壞、對錯、福禍，實在是沒有足夠的智慧與眼量去判斷，願望成真就一定不會禍之所倚嗎？誰都沒有把握。所以只敢小聲祈求：如果此事成辦可以利益眾生，願它成辦；如果此事失敗可以利益眾生，願它失敗；如果得到可以利益眾生，願我得到；如果失去可以利益眾生，願我失去；如果我們在一起可以利益眾生，願我們一直在一起；如果各自修行可以利益眾生，願我們各自修行。

我一共四次前往日本，走過五條不同的朝聖路線，圓滿了五次完整巡拜，和一次布局的朝聖，參訪了超過一百五十座寺院。雖然如此，我想說的是，朝聖其實很累，也沒有靈異聖跡，沒有唯美神遇，就像是修行的本身：外在寂寞庸常，內裡銷金蝕骨。山海間的荒走或許會有各種驚喜的遭逢，可以被書寫、被記錄流傳，心續裡的生滅與轉變，卻只有自己能解悟、知曉，不可言說。

人生即遍路，誰人非行者？唯願，行走不停步，曼珠沙華開一路。

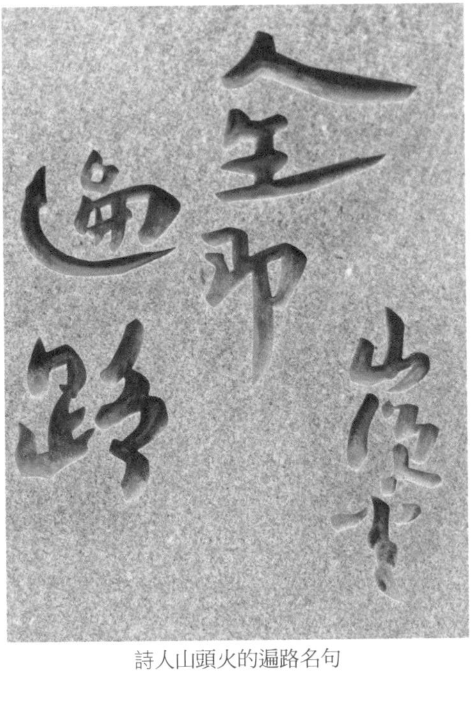

詩人山頭火的遍路名句

三

白衣行者的決心——

預備遍路

遍路覆蓋的距離上千公里，徒步需要四十天以上，坐車起碼也需要九天，所以，出行前需要作好充分準備。

＊季節

春、秋二季是最合適的。冬天太冷，夏天常常有颱風、暴雨情況，容易導致行程不順，體驗也不是最舒適的。櫻花季是特別美的，尤其因為四個縣處於不同的氣溫地理帶，加上行程路線有山有海，很有機會能欣賞到不同程度的開花狀態。然而，櫻花季人稍多，需要注意盡量提前預訂住宿。

＊簽證

目前日本對港、台是免簽九十天；中國遊客需要申請簽證，普通簽證是十五天，足夠非徒步遍路，可是無法完成徒步方式。然而，簽證政策是會變化的，而且還有譬如途經沖繩的特別優惠簽證待遇，也能解決需要。

＊心理準備

由於這是身心靈的修行，不同於悠閒旅遊，為了能得到最大的利益，及充分的背景認識，建議預先觀看電影《迷路的大人們》（迷子の大人たち）、網路上的各種私人和官方推廣影片，和閱讀中文著作《遍路：1200公里四國徒步記》、《四國遍路：給人生的20道力量》、《父子遍路：百萬步的心靈對話》。

＊體能要求

如果準備背負行李徒步，對體能有一定的要求。有關這部分，可以參考facebook上的港台遍路同好會的中文經驗分享、網上的日／英文指導，這裡就不特別說了。如果不是徒步進行，基本上健康體魄即可，並沒有很高的體能要求。

＊前往四國

四國只有愛媛、香川縣的機場，有來自台灣、上海、香港的國際直航，台灣近年雖然有開高知的直航包機，但也不太頻繁。可是，從日本各地都有比較頻繁的班次飛往德島、高知、愛媛、香川各縣內陸機場，也有各種路線的高速長途巴士、渡輪等選擇。如果選擇德島作為起點，比較常見的做法是用國際航班飛往關西機場，從機場乘搭三小時直達德島JR車站的高速巴士。

＊朝聖方法

畢竟綿綿千里，礙於時間、體力、經費限制，遍路朝聖並不拘泥於只有一種方式，也沒有很嚴格的要求。這裡說明一下通打、區打、一國參、順打、逆打、亂打各種不同的進行方式。

・通打（通し打ち）

一次性完成全部寺院，稱為「通打」（通し打ち）。為什麼稱為「打」呢？這是因為古代朝聖者會把自己名牌用釘子打在寺殿迴廊的傳統。

・區打（区切り打ち）

日文寫法是「区切り打ち」，即分若干次進行的意思。日本前首相菅直人也是一位遍路者，他分七次徒步、前前後後用了十年才完成全程，這就是區打的例子。

如果是用縣／古代國境來分區朝聖，一次完成德島的二十三寺，或高知境內的十六寺、愛媛縣的二十六寺、香川的二十三寺，就稱為「一國參」。也就是說，一國參必然屬於區打，可是區打卻未必一定是一國參。

・順打（順打ち）

日文寫法是「順打ち」，即按照第1番到第88番的順序來進行。順打只是指前行的方向、順序，而不必然指一次性完成，譬如說我的一個朋友，他從德島開始分四次順序徒步，每次順序走完一個縣的所有寺院，這是同時屬於順打／區打／一國參的案例。

逆打（逆打ち）

日文寫法是「逆打ち」，也就是逆行的意思，從最後一番反著走，向第1番方向前進。這特殊做法來自前面說過的衛門三郎典故，傳統是必須閏年才會考慮進行逆打（但並非說閏年必須逆打），據說閏年逆打是三倍的功德。

如果是徒步朝聖，必須考慮一點：市面上所有地圖、路標都是設計給順打的，逆行有時會容易被誤導、迷路，難度稍微高一點。

亂打（乱れ打ち）

日文寫法是「乱れ打ち」，即不理會順序，總之最後拜齊了全部八十八寺就算完成。

在此以外，還有幾種簡化版的線路（如：第1至10番、第13至17番、第71到77番，都被視為老弱病殘的代替性小朝聖線路），在四國島以外的其他線路（如小豆島八十八所、大阪一帶的攝津國八十八所、愛知縣的知多四國八十八所、福岡的篠栗四國八十八所、廣島新四國八十八所靈場，乃至已式微的台北新四國八十八所靈場等），乃至在四國和日本甚至外國各地長期、定期或一次性舉辦的「砂踏」（例如：第6番安樂寺等寺院有永久性的設施；京都東寺每月二十一日定期舉辦），作為代替性的遍路朝聖修行，這些就不在本章的討論範圍了。

＊交通方式

在古代，除了騎馬、徒步、坐轎以外，也沒別的交通方式；可是到了現代，選擇就很多了。如果從佛教角度來說，當然徒步是最傳統、功德最大的方式。然而，從遍路結願的定義要求而言，並不要求必須徒步。

巴士朝聖團

日本國內不同的機構、寺院和商業旅行社，都有定期舉辦各種豐儉由人的遍路巴士團，有的是通打，有的是一國參形式的區打，還有週末區打等等五花八門形式。這種性質的巴士團，通常是一條龍服務的模式，通打大概是九天左右，團費大概在二十萬日円左右，已經包含全部食宿、代納經服務、「公認先達」*提供知識和帶領誦經。可是，機構組織的遍路團屬於半私人性質，不太接受外人，而旅行社遍路團只提供日語嚮導，通常婉拒接待不懂日語的外國客人。據二〇二〇年的了解，只有一家日本華人經營的旅行社提供提供華人的商業巴士遍路行程。

包車

在四國，有幾家公司提供包車服務，包括普通轎車或商務小巴，司機是同時提供日語和極為有限的英語嚮導服務的公認先達。如果有三人或以上一起朝聖並稍懂日語，這也是可以考慮的一種形式。假設車位坐滿，十天行程下來，平均每人大概四十五萬日円。

包車必須提前預約，商討住宿級別，經營方通常提供三種不同價格級別的沿途旅館選擇，可以按照選單調整、個性化定製。這種包車安排的協議，會詳細列出包括、不包括什麼，誠實可靠。通常的安排是：包車費包括默認含晚飯和翌日早飯的住宿、車費及公認先達司機的服務、先達司機的住宿等等，但不含裝備、納經費和每天的午飯。客人可以自己每天決定午飯停車地點，司機午餐自理。

自駕

在路上可以看到各種普通轎車、摩托車，以及可以睡覺、做飯的旅遊房車朝聖者。

港台駕照申請的國際駕照符合日本規定，可以使用租車服務，視車款價錢不同，但這主要限於

* 「先達」是經過學習、審核的資深前輩，見「遍路豆知識」相關詞條。

普通轎車，似乎很難找到地方租用摩托車和旅遊房車。中國大陸的駕照無法申請國際駕照，基本可以放棄自駕遊的選項了。

自行車

大概需要二十天，花費因人而異，大部分人估算在二十萬日円左右。有部分道路和自行車風景觀光道重疊，特別理想，可是也有部分特別艱難、比徒步還辛苦。此外，對於外國人來說，如此的租用自行車似乎也不是很實在。所以，除非自帶自行車並有豐富的長途騎行經驗，否則不是很推薦。

徒步

徒步並不是目前日本本國遍路者最常用的方式，反而是港台、外國人最流行與最喜愛的方式。

不計算別格的話，全程一次性徒步完成八十八寺大概需要四十至四十五天，每天大概步行三十公里。這是累計功德、細心觀賞不同地貌風景、和內心對話的最好方式。雖然節省了交通、導遊費等等，然而由於天數很多，實際花費會比巴士朝聖甚至包車還貴，普遍估算是在四十萬日円以上。

大眾運輸

雖然網上有人提供這樣的攻略，可是我親身試過，和徒步所花的時間精力也不會相差很遠。簡單說，如果不堅持全程徒步，搭配大眾運輸工具是可行的。可是，全程使用大眾運輸工具的想法是不現實的。

如果選擇徒步、自駕方式進行朝聖，宜同時備有實體地圖、線上和離線的電子地圖。需要注意的是，徒步、自行車、汽車的路線稍微不同，必須選擇符合需要的版本。

＊住宿

巴士朝聖是包括了住宿的，除了住宿級別以外，不需要特別關注。如果是自駕、摩托車、包車，遍路上的住宿選擇也很多。可是如果是徒步或者自行車，由於每天覆蓋距離不遠，在部分地區選擇就相對少了。以下大概按價格順序列出不同種類：

西式酒店

即大概相當於四、五星級別的歐美式酒店，也就是幾個大城市才有。不論是日本本地還是國際連鎖品牌，形式大同小異，全世界都差不多，此處沒必要詳細介紹。這種酒店的住宿費約在七千至四萬日円之間，不包括餐飲，必須自行解決。

溫泉旅館

四國的天然溫泉很多，所以有很多面對本地遊客、高級商務出差會議、高爾夫愛好者、遍路者的高級溫泉旅館，價格和國際連鎖西式酒店差不多，房間通常是空間較大的和式設計，但有些溫泉旅館也同時有洋式房間隨機安排（也可禮貌詢問、提出要求）。

溫泉旅館的住宿費，已經包括豐盛的晚飯和翌日早飯。晚飯通常是很出色的海鮮和本土料理（原則上不提供選擇，嚴格素食或不吃海鮮者，雖然可在預約時詢問，但很多時候會有點問題，未必盡如人意）。早餐形式各有不同，有的是只有固定的日式定食，也有些地方提供日、洋兩種選擇，還有一些是自助餐形式。

鑑於文化習慣不同，入住日本溫泉宜預先了解基本禮儀：

①在旅館範圍內，穿著浴袍進餐、活動是允許的，不被視為失禮（在道後溫泉一帶，還可以穿到街上，但那屬於特例）。

②浴袍的穿著方法是左襟壓右襟，相反穿法是壽衣的穿法，切忌別錯。

③由於日本獨特的歷史原因，溫泉和浴場都不歡迎紋身者使用（如果身上有紋身，也可以嘗試詢問前台，有些會提供特製的膠布覆蓋）。

④嚴禁攜帶手機入浴。
⑤溫泉和浴場的目的是泡浴而不是洗滌。入池前必須在旁邊的淋浴區域洗身（哪怕在自己房間已經洗過）。
⑥淋浴區域的設計通常是坐著進行，請勿站立，以避免水花四濺影響其他使用者。
⑦由於衛生考量，頭髮、毛巾不能和水有任何接觸。長髮者需要把頭髮盤起。
⑧浴池嚴禁游泳、潑水、嬉戲、搓澡行為。

宿坊

這是寺院附屬的收費住宿，但完全不同於華人寺院的大眾寮房，而是寺院經營的創收商業。固然有些宿坊條件普通，可是也有很多和高級旅館區別不大，有著同樣級別的餐飲、豪華的房間，甚至有些還有很好的溫泉設施，價格約在六千至八千五百日円之間，並不比商業旅館便宜。比較主要的區別是：入住宿坊可以自由選擇參加主持的佛法演講，和每天清晨的早課（必須朝聖正裝出席，不能穿著宿坊浴袍），而且往往可以近距離欣賞佛像、佛龕乃至不對外公開展示的寺寶。

個人經驗來說，不是特別喜歡入住宿坊，但如果經過第75番善通寺和在高野山過夜，其清晨早課是很神聖、美妙的體驗，千萬不要錯過。

朝聖旅館和民宿

朝聖旅館和民宿兩者身分接近重疊。如果實在要給一個不嚴格、不完整的定義，民宿是提供一泊二食的家庭式小旅館；而朝聖旅館通常在遍路必經之路服務朝聖的人，往往比民宿規模大一點點，而且對朝聖文化比較熟悉，甚至很多老闆本身就是公認先達的身分（有一些朝聖旅館，有「四國靈場先達推薦宿處」的資格）。

絕大多數的朝聖旅館、民宿都只是一間空房，廁所、浴室是公用的，沐浴還限定時間。此外，吃飯時間也是固定的，集體用餐、聯誼。價格方面，大概是五千五百日円起。

商務旅館

這是日本本地的小型酒店，大概相當於二星級旅館，價格大概在三千至八千日円之間，主要給商務出差過夜使用，大部分很乾淨、便宜，房間狹小但五臟俱全，有些還另設公用大浴場。

善根宿和通夜堂

這是提供給徒步遍路人的免費或者廉價住宿，區別在於：善根宿是私人提供（主人提供便利給遍路人來培養自己的善根）；通夜堂是寺院提供。

入住善根宿、通夜堂有約定俗成的江湖規矩，譬如傍晚才能詢問、不能用火、必須自己清潔乾淨以後才離開、不給主人帶來麻煩等等。這種性質的住宿，通常不必預訂，然而完全沒有保證，譬如常常會遇到當天休息、客滿等等情況，而且很多並不提供床褥棉被，也不方便自由出入用餐，加上近年來出現一些外國人濫用的不好先例，不能說是外國遍路者的理想選擇。

野營

日本法律限制，除了指定的露營場所，在其他任何場所野宿一律犯法，只是說未必有人來執行法律而已。遍路上確實有些適合野宿的場所，譬

宿坊

善根宿

如露營場、遍路小屋、道路休息站、沙灘、河邊空地、公園、寺社停車場、巴士站等，但基本沒有日本遍路者選擇野宿，因為無法洗澡、洗衣，而且通常導致一定程度的擾民，而這就已經違背了遍路的精神了。如果實在要進行，務必攜帶帳篷、睡袋，並保證獲得管理者或附近居民同意才能紮營，如對方露出為難表情，請直接放棄。

雖然個人不建議考慮野宿，但有一個例外：遍路途經十夜橋，即別格第8番永德寺，這是空海大師露宿的歷史地點，有特殊的紀念意義。橋上的小寺理解一些朝聖者想效法大師的願望，比較願意提供便利。

遍路者和別的住客作息時間和需要都不同，所以有些事情或許需要注意一下：

①除了善根宿、通夜堂以外，任何住處都需要提前起碼兩、三天前預訂，尤其是含早、晚餐的住處。如果沒有日本電話卡，或者語言不通，可以請求當天住處代為電話預訂後來幾天的旅館。

②如果行程改變，務必提前最少一天取消預訂。尤其必須理解的是，一些含餐的家庭式民宿，花費很多精力和金錢準備豐富的晚飯，如果不取消或遲至當天中午才取消，意味著主人血本無歸，這不只為人帶來麻煩和損失，還會對外國遍路者信譽、形象造成嚴重損害。

③當地人對遍路傳統很熟悉且又特別熱心，大概能預估到達時間。如果因故必定遲到，宜預先致電知會，否則可能導致主人擔心，之前甚至出現過因擔心外國朝聖者入黑後迷路出意外，而店家報警求助的先例。

④遍路傳統是在到達當天住宿地點時，未進店前第一時間在門前洗滌金剛杖，代表為同行的空海大師洗腳。有些朝聖旅館有固定的洗杖池設施。在沒有的地方，可以提出要求，哪怕是國際連鎖的歐美酒店，四國的分店也都很熟悉遍路文化，也會很樂意提供（在四國，這屬於理所當然範圍，

並不算是過分、給人添麻煩的要求）。

⑤在提供兩餐的住處，大多有固定用餐時間，或根本就是集體同餐，請注意準時出席，如果因故不準備用餐，必須提前通知。

⑥有些住處隔音很差，而朝聖者往往剛天亮就出行，請注意不要在房間和走道發出太大的聲音擾人清夢，尤其注意不要讓持鈴發出鈴聲。

＊飲食

如果是選擇溫泉旅館、朝聖旅館、民宿、寺院宿坊，住宿費通常默認已含固定時間提供豐盛晚餐和翌日早餐。如果入住商務旅館，就需要自行解決三餐了，可在途經餐廳、速食店、便利店進食，豐儉由人。如果選擇善根宿、通夜堂、野營等方式，附近未必有餐廳、速食店，只能在便利店進食或預先買好。

此外，四國有很豐富的地方飲食文化和資源，如德島的阿波尾雞和德島拉麵、高知的炙烤鰹魚和清酒、愛媛的鯛魚飯和蜜柑、香川的讚岐烏龍麵等等，都特別值得嘗試。

這裡還得提醒一下，嚴格素食者必須理解，日本雖然有很悠久深厚的佛教文化，素食卻不普遍，甚至很多人對素葷的定義都不很清楚。在許多沒有肉、海鮮的料理或調味料裡，可能還是含有魚的成分，幾乎無可避免。

＊溝通

四國城市以外，不必指望英語能幫得上。然而，由於很多路牌都含漢字，四國人也特別熱情，對徒步者特別熱心幫忙，基本上，不懂日語也能順利朝聖，沒有什麼需要擔心的。當然，學幾句基本常用的，準備好手機即時翻譯軟體，會很有幫助。

＊財務

總支出因人而異，這裡只能給一個大概估算。

全程徒步大概需要花費四十萬日円（約四十至四十五天），自行車朝聖約二十萬日円（約二十天），自駕朝聖約在十五萬日円（約十天）。

除了幾個大城，經過的大部分地方都是寺院、地方小店，信用卡基本上沒用，都是日円現金結算為主。7-11等部分便利店、部分銀行和郵局的ATM提款機可使用外國信用卡（部分日本ATM是有營業時間的，而且可能收取手續費）。四國治安倒是不必擔心的，可是為了避免徒步時身上帶太多現金麻煩和擔心丟失，每幾天才提一次未來數天所需，是比較明智的做法。

＊朝聖裝備

遍路有著一千多年的歷史，累計了許多古傳統、習俗，在裝束和裝備方面形成了一定的規範，然而到了現代，實際也不是很嚴格。如果是出於旅遊、觀光、人文目的的遍路，哪怕穿著便服也不會有人過問。可是，如果是作為佛教意義的朝聖，建議起碼具備白衣、金剛杖、半袈裟，和遍路朝聖必備的納札、納經本。這些裝束和裝備，都可以在第1番、第88番，以及路上許多途經的寺院和商店買到，不是很必要預先網購。

白衣

在古代，四國遍路是有一定危險的，加上有些朝聖者本來就是身患重病，所以他們會穿上代表壽衣的白衣，代表寧死也不中途放棄的決心。

遍路者穿白衣是傳統，可是格式卻沒要求，只要是白色而寫了「南無大師遍照金剛」和「同行二人」文字，不論是傳統勞務衣款、現代西方款，乃至白色風衣、外套、雨衣，都是如法的。可是，在購買時必須留意，傳統款白衣有兩種：一種是「道中衣」，另一種是「判衣」。「判衣」只是用來收集印章，除了未來真的去世時，朝聖路上以及平時是絕不穿著的，純粹用來蓋章；「道中衣」是朝聖時穿的實用衣著，除了幾座特定寺院可要求蓋特定印章，其他情況下是不蓋章的。

除了白色上衣，還有白褲，和白色的手甲、綁腿、腰袋乃至白色的分趾布鞋，全套穿起來特別像忍者，很有cosplay氣氛。然而，大部分人其實只是穿白上衣就足夠了，其他可有可無（放雜物的腰袋倒是比較方便，而且可以在上面蓋章紀念）。

金剛杖

金剛杖上寫著「同行二人」，杖頂切痕象徵五輪佛塔，四角代表發心、修行、菩提、涅槃四大道場；整根代表了空海大師，是大師的化身。因此，它不止於驅蛇防身、登山杖的功能，同時也是宗教意義上的法器，既是行走時的輔助，也是精神上的依靠。在古代，如果朝聖者因故死在路上了，村民會就地埋葬陌生路人，把這個金剛杖當作這位無名朝聖者的墓碑。

金剛杖

半袈裟

在完成遍路時，有兩種做法，一是對手杖道謝、道別，留在最後寺院，或選擇把它帶回家留作紀念和未來使用。如果準備保留，那麼，還需要購買一個杖袋恭敬保護。

半袈裟

這是日本佛教居士的正裝，本來是修行的時候才能穿，譬如進入寺院洗手以後才能穿，或者在家也是念經打坐時候才能穿。可是遍路傳統不同，在遍路傳統裡，走路就是修行，所以早上出門就穿上，一直到晚上到達休息地點，中間只是吃飯或者去洗手間暫時脫一下而已。

半袈裟有很多種，譬如宗派性的、寺院自己的版本的、主題性的、萬能的等等，除非真的屬於日本佛教某宗派，否則，遍路者選購萬能版或「四國八十八所遍路」專用版為宜。

如果有購物情結，和半袈裟相關的，還有半袈裟袋、把半袈裟固定在衣服上的夾子（稱為「輪袈裟止め／輪袈裟留め」，類似領帶夾作用）、防汗外套等許多周邊配套產品。

納札

納札是一種紙條，上面有自己的名字、來處、年齡等資訊。

雖然沒人會過問，可是，納札顏色是有規矩的：第一到第四次遍路用的是白色，後面依次綠色、紅色；到了二十五次是銀色；第五十次開始可以用金色；百次以上就有權用織錦版了（使用織錦版納札的朝聖前輩，被視為半個聖人；如能得到一張織錦版納札，會被視為護身符）。買好納札後，必須提前填好名字、年齡等資訊。

納札相當於朝聖者名片，是遍路必需品，朝聖者路上遇到聯誼得交換；遇到別人提供幫助、禮遇、請吃飯，得送他一張；到了寺院必須在本堂、大師堂各投一張表示報到。因此，整趟行程起碼需要使用兩百張。

納經本

「納經」也稱為「納印」、「集印」，是日本佛教、神道信眾朝拜寺廟後進行的一種行為。

在西元八世紀的奈良時代，當時日本的聖武天皇虔心信佛，設立「國分寺」，由官方撥款供養，以祈國泰民安。國分寺重要工作之一，是鼓勵知識分子在朝拜各地寺院時，尋訪古經，重新抄寫，作為個人的修行和供養，以此弘揚佛教文化、複製面臨失傳的孤本經書，並把新抄本納入寺院館藏中，所以稱為「納經」。抄寫人把自己所抄經典交予寺院時，寺僧會以紅印泥在白紙上蓋上寺院印章還給抄經者，作為一種收納證明、紀念，同時也有認證對方功德的意味在內。這種印章，便稱為「朱印」、「御朱印」。後來，遊方的信眾為方便攜帶，便開始自備一本簿子給各地寺院蓋印，發展出「納經帳」（也稱「納經帖」、「朱印帳」、「朱印本」等）。到了平安時代，即西元八世紀末至十二世紀間，朝拜寺院者要求寺院蓋印的風氣已趨成形。

時至今日，雖然仍然被稱為「納經」，但這種集印活動已經和最初的抄經、納經行為脫鉤，而且也不再限於佛教寺院範圍。在幾乎任何佛寺或神道廟宇裡，信眾對寺廟供養一份約定俗成的小金額，便能得到該寺廟的朱印。

現代的納印有多重意義：這是對寺院的一種供養行為；授印也代表了寺院及其本尊的保佑；同時，它也是個人朝聖旅程的紀錄和紀念。進行主題系列巡拜者，在最後索取「滿願證」時，又必須憑這些紀錄，證明確實先後圓滿完成了該系列的朝拜活動。

在日本，一些虔誠的佛教徒，在臨終時，會要求把自己的納經本放入棺木，作為此生功德修行的紀錄。此外，每座寺院的印章、書寫內容和格式不盡相同，並因納經的濃厚文化歷史淵源，許多人以收集、研究朱印為愛好，甚至還有專門的出版物。

日本佛教的朱印，內容各寺不同，但卻有共通的格式（神道廟宇格式不同）。頁面通常會蓋上三枚印章：中間的印章為代表性意義的「御寶印」；左下角的印章通常是寺名；右上角的可能性就很多了，但遍路納印此處一律蓋該寺的「番號」印。除了印章以外，寺僧也會在納經帳和卷軸上以毛筆書寫文字（白衣則只是蓋章，並不書寫）。在同一座寺院，蓋章、文字、布局都是固定的。哪怕由不同的人負責書寫，筆跡固然可能相異，但格式仍然相同。

如果希望收集這種朝聖的加持，首先必須決定收集的方式，大多數朝聖者採用納經帳的方式。如選擇使用納經本，必須注意購買四國遍路版，而不是其他的主題版或萬能空白本。遍路納經帳價格約在一千至四千日円之間，裡面通常印有寺院簡介、預留的納印空頁等，選擇有很多，各種大小、價格的都有，其中有些還印上寺院簡介，特別有紀念性。

此外，四國八十八寺對納經人會送予寺院的本尊分身，稱為「御影」，形式是一張一張的黑白佛圖，最後便會集齊八十八寺所有本尊。為了陳列展示或供奉這八十八寺的佛像，一些人最後會裱裝為牌匾或屏風形式，掛在家裡大廳或者佛堂；但也有人會購買專用的、類似集郵本格式的

遍路白衣和斗笠

納經本

納札

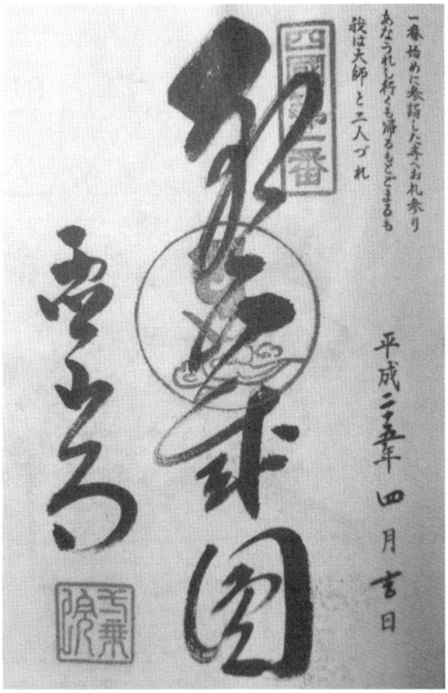
一番始めに参詣した寺へお礼参り
あなうれし行くも帰るもとどまるも
我は大師と二人づれ
平成二十五年四月吉日

朱印

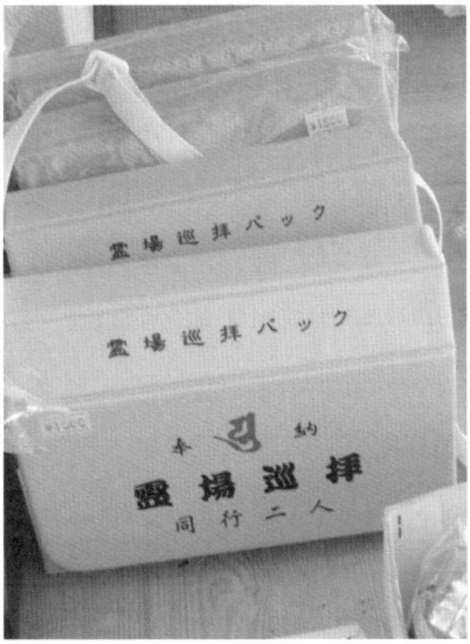
霊場巡拝バック
霊場巡拝バック
奉納
霊場巡拝
同行二人

香燭袋

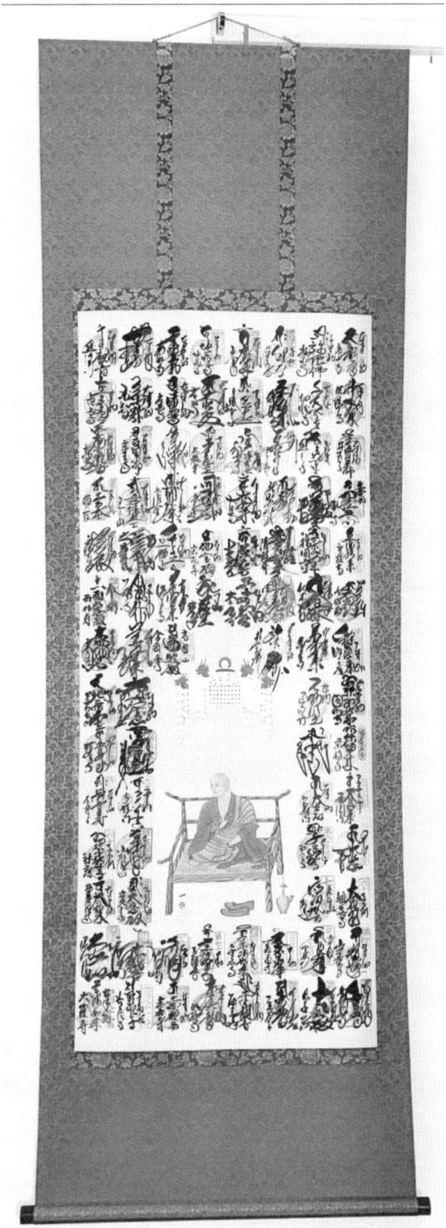

納經卷軸

御影本來收藏保存（如果是徒步，為了減輕行李負擔，建議在最後才購買）。市面上有少數幾款納經本屬於兩用本，同時也能保存御影，比較方便。

除了納經帳方式以外，也可採用專用的白衣、卷軸方式集印。白衣價格約為三千日円。必須注意，遍路白衣分為穿著型的「道中衣」、集印型的「判衣」兩種，後者只用作集印，朝聖和平常時間都不能穿戴（只能臨終作為壽衣穿）。

專用卷軸價格從一萬至三萬日円之間不等，中央圖像通常是空海大師，四周劃分為若干小格，小格內印有寺名，供每寺在預留的空格裡蓋章。卷軸附送配套的、方便路上攜帶的硬紙筒容器。在全部蓋滿以後，還須經過一道手工裝裱工序。一幅完成的朝聖卷軸，會被作為傳家寶掛起展示，紀念著朝聖者的修行歷程。

香燭袋

即專用的朝聖包，用來存放蠟燭、香、打火機、納札等朝聖用品。這個有很多選擇、很多不同形式，譬如背包型、山谷袋、頭陀袋、簡單小巧的香燭盒等等。

專用朝聖包其實也不是必需品，不過有兩個好處。一是可要求某幾座特定寺院在包上蓋章紀念；第二是有某幾款的設計不俗，分開一格一格，分別置放賽錢、輔幣、香、蠟燭、打火機、筆、納札等等，使用起來確實比較方便。

斗笠

斗笠也是遍路者的裝束之一，在實用層面上，斗笠是防曬防雨的工具，但許多現代徒步者會選戴更方便的現代遮陽帽。如果佩戴斗笠必須注意，梵字應該是在正前方的。

除了「同行二人」和代表空海大師的梵文咒字外，斗笠還印有「迷故三界城，悟故十方空，本來無東西，何處有南北」四句。這是古代禪宗用來寫在棺材蓋上的封棺偈，所以，斗笠同時還代表了棺材蓋。歷史記載，古代朝聖者若遇不幸而死在路上，路人便以死者的斗笠代替棺材覆蓋。因為這個原因，它不同於一般世俗意義的帽子，行者來到殿前禮佛或者遇到僧人，不摘下斗笠也不會被視為失禮。

持鈴和念珠

在古代，持鈴是用來驚嚇狗熊、避免危險的，然而在現代其實是屬於儀式感多一點，沒有也是可以的。至於念珠，傳統上必須攜帶，可是，如果是佛教徒多半本來也有；如果不是佛教徒，而僅僅出於觀光、人文或其他目的進行遍路，那麼，其實這也不是必需品。

實用裝備

除了傳統朝聖者的裝束、裝備以外，尤其徒步、自行車朝聖者，還需要考慮背包、雨具、登山鞋、應付不同天氣氣溫情況的服裝等等。有關這方面的專門知識，可自行參考提供徒步指導的日／中／英文網站、社群媒體分享交流、專書。

四

心靈修行成長的歷程

——如何朝聖

真正意義上的朝聖，不單是肉體上的行程，更是心靈修行成長的歷程。古代朝聖者，以徒步的方式，對一座座寺院進行巡拜。這是一種修行歷程。作為現代香客，也許只能坐現代交通工具進行朝聖，然而，朝聖者必須培養同樣的心態。從宗教朝聖的角度來說，如果缺乏虔誠的心態，沿途說說笑笑，以獵奇的心態到寺院裡看看佛像、拍幾張照片，再在佛前磕幾個頭、燒幾根香，這也許會是一趟愉快的旅遊活動，但絕對不能算是朝聖，也不能讓心靈有所得著。如果是準備進行佛教、修行意義上的遍路，宜對朝聖的禮儀、規矩有一點認識，以崇敬的心態朝禮。為保證朝聖行程順利，不虛此行，以下提供一些額外的資訊：

＊遍路禮儀

①遍路期間，遵守遍路者的「三信條」和佛教徒的「十善戒」（見「遍路豆知識」相關詞條）。

②金剛杖是空海大師的化身，必須特別尊重。不能帶入洗手間；通常任由自然磨損，不用刀具修整；到達每天下榻點，首先洗杖，代表為大師洗腳，然後才輪到自己的安頓；每天早上通常會對手杖鞠躬，然後才拿起出發。此外，由於後面〈別格第8番：永德寺〉章節會提到的十夜橋典故，遍路者不論路過任何橋，都有杖不點地的習俗。

③進入洗手間時，應除下半袈裟、斗笠；寺院廁所外通常有存放架，但在其他地方基本上也不會有人偷取的。午飯用餐時亦一樣，不佩戴半袈裟、斗笠。

④遍路自古以來有著「相互禮拜，相互供養」的傳統；在路上遇到其他遍路者，通常會禮貌並熱

情地鞠躬打招呼、回應別人的問好（也適用於當地居民）。

⑤在寺院範圍內，譬如上下階級，默認規矩是靠左邊走，尤其是三五成群時，應注意避免把整個過道都占據而造成他人不便。

⑥如果遇到他人給予御接待（見「遍路豆知識」相關詞條），必須以納札回贈；在和其他遍路者聯誼時，也有交換納札的需要。

⑦由於常會在民居之間穿插，應注意避免發出噪音及對當地居民造成騷擾不便。

⑧未經同意對人攝影，會被視為無禮的行為。

⑨使用善根宿、通夜堂後，應整理乾淨方始離開。

＊寺院禮儀

①朝拜不宜衣著暴露。寺院並不特別禁止男性穿短褲進入，但極少會有日本人如此穿著去寺院拜佛，宜入鄉隨俗。

②日本佛寺有許多殿堂並不對外開放，宜再三確認方可進入；大多數殿堂必須脫鞋進入，宜穿著乾淨得體襪子朝拜，並在進門前觀察、詢問清楚。如為禁止穿鞋的地方，應把鞋子整齊放置台階下，鞋尖朝外；如寺院有鞋櫃設施，則應整齊放置鞋櫃上。

③進殿切記脫帽（理論上斗笠不在此限），態度和身體姿勢恭敬。

④殿內低聲說話、手機宜調為靜音模式，切勿喧嘩、吸菸、隨地吐痰、棄扔垃圾、敲打或觸摸佛

像及法器等、隨意躺坐。如需指向佛像示意，應五指合攏、掌心向上以示尊重，不可以手指指點。

⑤從傳統禮貌和戒律的角度說，佛教並不禁止拍攝佛像，而拍照和恭敬與否似乎也沒有必然關係。然而，出於文物保護等各種原因，許多寺院殿裡禁止攝影（殿外任何地方通常沒有限制）。殿內如不許攝影會有告示（往往只是日文，但閱讀其中日本漢字應沒困難），如果不清楚，切記先問明白（不禁止攝影的殿堂，通常也只是指允許不使用閃光燈、腳架的攝影）。此外，在日本，未經同意下對僧人（或其他任何人）攝影，會被視為無禮的行為。無論如何，心靈上的修行和攝影，恐怕很難兩者兼顧。如果是為了朝聖目的而去，宜全心全意進行祈禱、修持。

＊朝拜流程

①進入寺院——如果所到寺院有山門（見「遍路豆知識」相關詞條），在山門處面朝寺院恭敬鞠躬一次。

②手水舍——進入寺院範圍後，在入寺處通常會有一個稱為「水屋」或「手水舍」的地方，這是象徵性地淨化自己身心的地點。水屋通常是設計典雅的出水設備、水池，並提供若干個勺子。朝拜者用右手提勺子取水，取水後稍後退半步（以避免用過的水滴到蓄水池裡），倒少許在左手掌心洗手，再換左手拿勺子倒水於右手掌心，然後再次換手，右手持勺子倒水於左手掌心，以左手就口吸水、漱口、吐出（直接從勺子裡喝水會被視為極端無禮。吐水時應以手覆口、躬身，尤其必須注意吐水時必須刻意與蓄水池拉開一定的距離，避免吐出的水滴回蓄水池）；最後，把勺子垂直豎立舉起，讓勺子裡剩餘的水沿木柄自然流下（這是為了把手持過的木柄清洗），再把勺底朝天輕輕放回原位。先後洗

淨雙手、漱口、清洗木柄這幾步，用的是一勺量的水，並不重複取水。如果水屋掛著毛巾，這是專門提供給香客擦手用的，可自由使用。

③敲鐘——有少數寺院鐘樓允許朝拜者自由敲鐘。在這種情況下，只應敲一下，而且日本傳統是在到達時進行，離開時候敲鐘被視為不祥的緣起。哪怕在這些少數允許敲鐘的寺院，往往也限制敲鐘時段，必須謹慎注意。個人建議是，在不清楚規矩的情況下，最保守的做法是索性別敲。

④朝拜本堂——在這點上，日本和漢傳佛教習慣不同，遍路上的大部分殿堂是不許進入的（通常有窗，讓朝拜者能瞻仰佛像、殿堂內部，功德箱設在殿堂外或從窗口伸手能及之處。朝拜方式是在殿堂前祈禱、供養）。此外，寺院的最重要佛像，即「本尊」，許多時候收藏在密封佛龕裡，稱為「祕佛」，只在特定的日子才公開展示，稱為「御開帳」*。如果喜歡供香、燈燭，通常在此時進行，日本的慣常做法是每個殿供一燈、三根香。然後，在殿堂或主尊正前方，通常會有一條繩子連接上方

手水舍

* 「本尊」、「祕佛」、「御開帳」皆請見「遍路豆知識」相關詞條。

的一個銅鑼，朝拜者可搖動繩子敲鑼一次*。在此時，應該在特定的納札收集箱裡投入一枚自己的納札，表示報到（注意不要誤投抄經收集箱）。傳統朝拜者通常會略作供養，把一個硬幣投進通常以漢字寫著「奉納」或者「淨財」的功德箱。日本佛教香客不流行對佛像頂禮的做法，但通常會合掌恭敬鞠躬，然後略作念誦、祈禱。如果要進行念誦，正常禮儀是在敲鑼、供養後，從殿堂中央位置退到旁側進行，以讓道給其他朝拜者。

⑤朝禮大師堂——在四國，「大師」默認是指空海大師，大師堂相當於漢傳佛教的祖師殿。在這裡，需要重複以上的供香燭、敲鑼、投納札、供養賽錢、鞠躬致敬、祈禱誦經流程，但省略本尊真言環節。

⑥朝禮分殿——大規模的日本寺院，往往還有其他分殿建築，可視自己的信仰和時間充裕度，選擇性地或全部朝禮、參觀。

⑦納經——如果希望納印（見後面「納經」條），或想請購朝聖紀念品、護身物等等，應在朝拜完畢後進行。

⑧離開寺院——如果所朝寺院有三門，離開時應在三門處轉身，面朝寺院，再次恭敬鞠躬一次。

以上是遍路朝聖標準流程。然而，許多日本人也不見得完全熟悉（或不嚴格遵從），只要顯示態度恭敬，不必過分擔心做錯而被看不起或視為冒犯。

* 有時會看到不懂規矩的日本人拍掌，這其實是日本本土神道信仰的禮儀，如在佛教寺院裡進行，雖並不被視為無禮，也沒有人會介意、干涉，但會被視為外行。

＊祈禱和誦經

日本朝聖者會在佛寺裡、佛像前誦經。日本佛教深受漢傳佛教影響，所念誦的多為漢文佛經（發音和現今中文或有出入）。不同宗派的日本佛教徒朝拜念誦的內容有所不同，以下是大部分遍路朝聖者的念誦內容：

①合掌鞠躬三次，並念「虔心於佛前作禮供奉」（原日文為「恭しくみ仏を礼拝し奉る」）。

②念誦〈開經偈〉一遍：

無上甚深微妙法，百千萬劫難遭遇，我今見聞得受持，願解如來真實義。

③念誦《般若心經》一遍：

觀自在菩薩，行深般若波羅蜜多時，照見五蘊皆空，度一切苦厄。舍利子，色不異空，空不異色，色即是空，空即是色，受想行識，亦復如是。舍利子，是諸法空相，不生不滅，不垢不淨，不增不減。是故空中無色，無受想行識，無眼耳鼻舌身意，無色聲香味觸法，無眼界，乃至無意識界，無無明，亦無無明盡，乃至無老死，亦無老死盡，無苦集滅道，無智亦無得。以無所得故，菩提薩埵，依般若波羅蜜多故，心無罣礙。無罣礙故，無有恐怖，遠離顛倒夢想，究竟涅槃。三世諸佛，依般若波羅蜜多故，得阿耨多羅三藐三菩提。故知般若波羅蜜多，是大神咒，是大明咒，是無上咒，是無等等咒，能除一切苦，真實不虛。故說般若波羅蜜多咒，即說咒曰：揭諦揭諦，波羅揭諦，波羅僧揭諦，菩提薩婆訶。

④念誦該殿本尊真言三遍（殿裡會設立木牌寫明，如沒看到告示，自己又不懂，不念也沒有關係）。

⑤念誦《光明真言》三遍：

唵　阿謨伽　尾盧左曩　摩訶母捺羅　摩尼鉢納摩入嚩羅　鉢羅嚩多野　吽

⑥念誦祖師名號《御寶號》三遍：

南無大師遍照金剛

⑦念誦《迴向文》一遍：

願以此功德，普及於一切，我等與眾生，皆共成佛道。

⑧合掌鞠躬一次作為道謝。

＊供養香燭

寺院的本堂、大師堂前，都有上香、供燈燭的地方，往往也提供收費香燭（自己投幣取用），但大部分遍路者會選擇自帶香燭。如果選擇自備，有一種分格安置香、燈燭、打火機、納札、零錢的朝聖專用包特別方便。

供香燭時，應考慮他人，把香燭插在最裡處（香爐靠近中間的位置、燈燭架的最高空位），以免後來供養者意外燙傷。

此外必須注意，為了避免失火風險，某些寺院禁止在傍晚臨關門前半小時供燈。

＊供養零錢

在佛殿、佛像前，通常都有一個寫著「奉納」或者「淨財」兩個漢字的功德箱，朝拜者把稱為「賽錢」的金錢供養投進這個箱子裡。功德箱通常木製，錢幣投進去的時候會發生很大的響聲，供養時宜恭敬投入，盡量避免丟拋動作。

在功德箱這點上，日本習俗似乎和中國人很不同。漢傳佛教的供養，是贊助香火錢、累積功德的意義，所供金額往往比較可觀。可是在日本寺院，供養「賽錢」似乎只是作為圖其吉祥意義的象徵式供養。雖然並無限制，也沒人關注，但日本香客往往都是選擇供養一枚五円硬幣，這是因為日語裡「五円」的發音是日語裡「緣分」（ご縁）的諧音，圖其有與佛結緣的吉祥緣起。如果希望供養比較大額的款項當然也可以，但這在日本香客中似乎少見。

＊納經

納經的流程很簡單：首先，必須先朝拜寺院及相關的本尊；然後，找到「納經所」，拿出納經本道明來意。不諳日語者也不必擔心。通常只需要雙手遞上印本，說「お願いします」（onegaishimasu，即日文「勞駕」的意思），對方就會明白。甚至，在大部分情況下，只需要點頭微笑遞上印本即可。在寺方蓋章、寫字時，應脫帽，恭敬等候（負責蓋章、寫字的通常為出家人或長輩），切忌到處走動。這裡必須注意：由於這是朝拜證明，傳統是必須在朝拜後才要求納經。現代大部分寺院裡的年輕朝聖者並不講究，但有些古寺院裡的老人比較在意這點，宜按順序進行，以避免被長輩訓誡。

在納經後，應主動把納經供養放在前面（日本傳統不習慣直接把錢放在對方手掌），寺方會把一張紙夾在新寫的朱印頁裡交還。日本所有寺院通用、約定俗成的供養金是：朱印本納經費每次三百日円、白衣納印兩百日円、卷軸納經五百日円，不必多付，也不能少給。夾紙的目的是為了避免未乾透的印泥、墨蹟印到別頁。有些寺院的夾紙只是白紙或預先切好尺寸的廢紙，也有的是特別印製的寺院簡介，或是所使用的印章說明。在納經處或附近，有時候會提供吹風機，讓朝拜者自行吹乾。但如果有夾頁而且是使用印本，通常沒必要進行吹乾（卷軸、白衣則宜再三檢查是否乾透）。

順便一提，四國遍路和某幾個日本巡拜系列，有「重印」（重ね印）的傳統，香客從第二次巡拜開始，並不使用新本納印，而在唯一的一本朱印本上重複蓋章。在納經處有時候會看到別人的納經本全是紅色，根本無法看清，這些就是重複參拜多次的前輩的印本。

此外，八十八寺一律對納經者贈送本尊的白描圖片，稱為「御影」（特別年份會額外加贈特別紀念版；彩色版需要付錢）。這些圖片看似製作原始粗糙，和日本文化裡的精緻大相徑庭，這是為了刻意延續自古以來的雕板印刷風格，和古代朝聖者所得到的版本區別不大。它們是寺院本尊的分身，必須恭敬供奉或保存。

＊請購御守

較大的寺院，通常都設有流通處，售賣各種各樣的旅遊、朝聖紀念品。

寺院售賣的「御守」，雖也被視為紀念品，但其本來意義是作為宗教性的護身物，而且有著悠久的歷史。早期的僧侶們，把寺院本尊名號寫在木、紙片上，裝入小布袋裡，出售給前來參拜的信徒們，這就是最早的御守。到了後來，這種護身物發展出自己的獨特文化，產生各種各樣五花八門的種類。從用途上分類，有辟邪、解厄、保佑出行、安產、保佑平安、姻緣、學業、長壽、健康等不同種類。從外觀來說，也從本來的簡陋布袋發展出各種圖案、顏色的美麗吉祥物。常見的御守形狀和大小都和台灣的「香火袋」相似，但現在也有其他有趣形狀出現。大多數寺院的御守價格都在三百至一千日円之間，通常都很精緻，各有特色，極具收藏紀念意義。朝拜寺院者也可考慮請購代表性寺院的出品作為保佑平安的聖物，或作為收集品也未嘗不可。

到過任何日本寺廟的，也會看過寺廟某角落掛滿小木牌的架子。木牌正面有鮮豔圖案，背面是人名和願望。這種木牌稱為「繪馬」，是日本神道信仰、日本佛教共通的祈願方式。在古代，人

祈願繪馬

們許願或還願的時候，都會對寺廟供養一匹活馬。後來，這演變為泥塑的馬、木雕的馬，最後變成在木牌上畫上馬圖代替。到了現代，繪馬木牌已經不再限於畫馬，譬如：稻荷神社畫的是狐狸，永福寺畫的是八爪魚，摩利支天廟的是豬，平安神宮的按季節安排共有四款，還有別的寺廟的十二生肖、當年干支版，甚至近年來還出現漫畫人物版。如果希望以繪馬木牌祈願，可在流通處購買，每塊約在兩百至五百日円之間。在購買後，應在背面寫上自己姓名、心願。繪馬也被用作還願目的。如果是為了答謝，應寫姓名、感謝詞。最後，把木牌掛在寺院指定的架子上即可。

此外，在日本寺院流通處或顯眼處，常常能看到一條一條刨好的小木方。這是火供所用的護摩木。如果看到公開擺放的護摩木，朝拜者可以投幣自取（通常在兩百至五百日円內），寫上自己的姓名、心願，然後按要求把寫好的木條放在指定的地方（注意寫了名字的木條和空白木條不要混在一起），寺院便會在下次進行護摩法事時使用，並代為祈禱、迴向心願達成。有些寺院的護摩木只是白木條，也有預先印上各種祈願內容的（如「心願達成」、「學業進步」、「健康長壽」等，皆為日本漢字）。如果是前者，填上姓名、心願即可（有些寺院在木條旁邊放置各種祈願內容的印章，可選適意的蓋在木條上代替書寫）。如遇後者，可挑適合自己需求的木條，只須填上名字。

＊開放時間

遍路八十八寺、別格二十寺開放時間統一，即早上七點至下午五點；但有些位於較偏僻地方的寺院，在關門前半小時禁供燈燭，參拜時應注意相關指示。

遍路和別格寺院都不收門票（部分設有收費參觀的寶物館、庭園，時間充裕者可自行選擇），在每座寺院的停留時間也無限制，完全可以在一座寺院待上一天。巴士朝聖團是集體行動，有時間限制，通常會在每座寺院停留十五至二十分鐘左右。

＊閱讀日文遍路資訊

在閱讀地圖、解說介紹專書、寺院簡介，及在實地參拜時，會看到許多可能導致初心者困惑的名詞、術語。

①古今地名——在四國地區，尤其是在遍路上，古國名、現代縣名、道場系列名稱三者，經常出現交替使用的情況。德島縣的古名是阿波國，其境內的二十三座遍路寺院合稱「發心道場」；高知縣的古名是土佐國，其境內的十六座遍路寺院合稱「修行道場」；愛媛縣的古名是伊予國，其境內的二十六座遍路寺院合稱「菩提道場」；香川縣的古名是讚岐國，其境內的二十三座遍路寺院稱為「涅槃道場」。

②札所／靈場／箇所——在遍路文化裡，寺院同時也被稱為「札所」、「靈場」、「箇所」等等。這幾個名詞、術語經常被交替使用。

③寺院的山號——在大部分寺院的山門上都掛有牌匾，上面寫著一個名字，可是這並不是寺名。山門所掛的通常是寺院的山號。有關日本佛教文化裡的山號，可參考「遍路豆知識」相關詞條。

④寺院稱呼——每座寺院都有山號、寺名、院名、番號，有些甚至還有別稱。例如遍路的起點，

全稱「竺和山一乘院靈山寺」，是遍路的第1番；別格的第4番全稱是「八坂山正覺院八坂寺」，可是大家慣常稱它為「鯖大師本坊」。為避免初心者混亂，本書只列出必須面對的山號、寺名、番號，並無列出較少使用的院號。

⑤所屬宗派——由於歷史變遷原因，各寺雖然都供奉日本真言宗開祖空海大師且與大師相關，但它們現今分屬不同宗派。在本書的寺院介紹、寺院官方解說及日文的相關資訊中，都按慣例詳細列出每寺宗派所屬。除非特別有這方面的研究需要，初心或一般遍路者其實可以直接忽視。

⑥詠歌——在日文的相關資訊、寺院簡介裡，常常會列明每座寺院的「詠歌」，即對該寺的歷史、文化、特徵的贊詞。有些資深的日本朝聖者，在念誦祈禱時也會在每座寺院逐一念誦這種對該寺的專用讚頌；初心或一般遍路者可忽視。

⑦距離——由於徒步、駕車走法不同，而且有些地方可以從不同道路前往，各種地圖所列出的距離公里數存在少許差異。本書採用的是靈場會官網提供的徒步距離資訊。

四國八十八所靈場會（日文）

四國遍路指南（繁體中文版）

五　京都三弘法

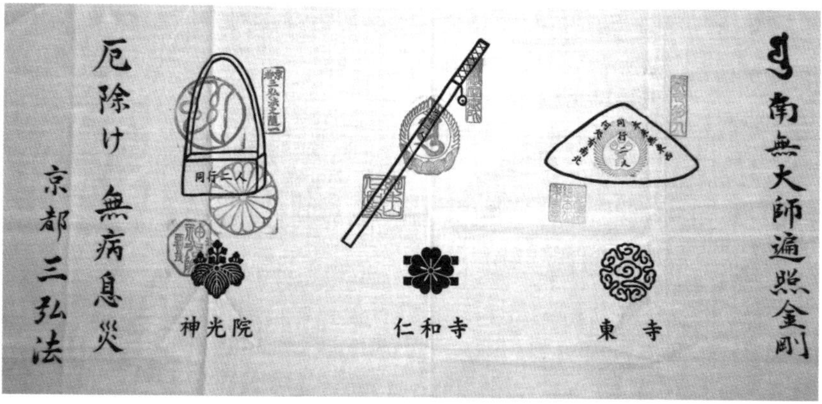

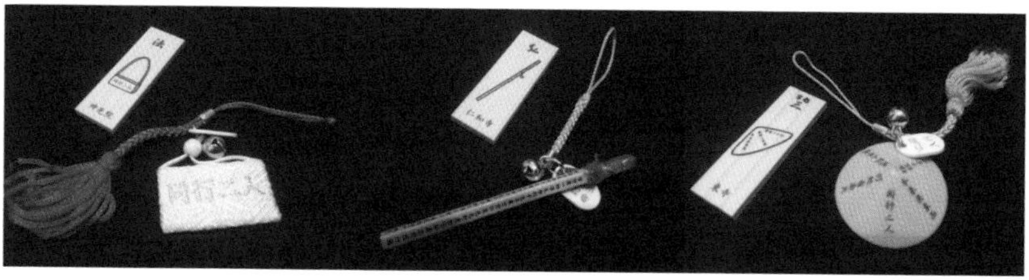

「京都三弘法」，是指與空海大師有深厚因緣的三座寺院，即東寺、仁和寺、神光院；「弘法」二字，來自空海大師的別稱「弘法大師」。

自從十七到十九世紀的江戶時代中期開始，就已經有了京都三弘法巡拜的習俗。傳說，在每年新春最初三天之內（即「松之內」）拜遍這三座寺院，將能免於一年中的厄運。除此之外，老百姓也有在其他日子，尤其是空海大師之「緣日」（每月二十一號），進行巡禮三弘法的習俗。

在古代，進行四國遍路並不是容易、安全的事。為了祈求大師加持途中安全，巡禮者有先參拜京都三弘法的傳統，並由東寺授予斗笠、仁和寺授予手杖、神光院授予香袋，攜帶這些法器出發，進行巡禮修行。

在這三座寺院的納經處，都有出售特製的京都三弘法巡拜專用納經本、集印布；納經本有三面收集三寺印章的空位；集印布印上三寺的徽號。據說，朝拜三弘法、集齊其朱印，能保佑一年之中無病、息災。

這三座寺院還有一種很有特色的木片御守。東寺售賣的版本印上斗笠圖案，仁和寺的圖案是手杖，神光院的則為香袋，三種木片大小一致。在任何一寺中，同時也出售京都三弘法參拜滿願證和透明塑膠封套，可以展示滿願證及來自三寺院的木御守，極有紀念意義。

此外，三寺也為四國遍路者提供小型的、象徵性的法物，東寺售賣小斗笠，仁和寺售賣手杖，神光院則流通小型香袋，極為小巧別致，哪怕不準備進行四國遍路，也值得買來留念。

〔寫於遍路上的詩歌〕

如是我聞
遍路巡禮的路上
世俗的願望
最好始終只祈求一個
如此便可所願得償
可越是這一諾如磐的聖處
越令人有願不敢輕許啊
哪裡能有這足夠的眼量
看清我心所向
會招致怎樣的福禍、好壞、對錯與損滿

膽小如鼠的我
只敢小聲祈求：
如果此事成辦可以利益眾生願它成辦
如果此事失敗可以利益眾生願它失敗
如果得到可以利益眾生願得到
如果失去可以利益眾生願失去
如果我們在一起可以利益眾生
願我們一直在一起
如果我們各自修行可以利益眾生
願我們各自修行

扎西拉姆·多多

東寺

京都　東寺（とうじ）
山號：八幡山
宗派：東寺真言宗總本山
本尊：藥師如來
地址：〒601-8473 京都市南區九條町 1 番地

東寺建於西元七九六年，與現今已不復存在的西寺，同為鎮守西元七九四年立都的京都市城門的左右兩座官方寺院。西元八二三年，嵯峨天皇把寺院賜給日本真言宗初祖空海大師。寺院的好幾座建築及其收藏的珍寶，都是國寶級別的珍貴歷史文物。因此，在一九九四年，寺院被列入聯合國世界遺產名錄之中。

東寺也稱為「教王護國寺」，其御賜全名是「金光明四天王教王護國寺秘密傳法院」，其山號為「八幡山」，具無上的權威，可說是居日本全國寺院之首席地位。此外，它也是真言宗十八本山巡禮系列中的第9番。

東寺是空海大師的基地，高野山則為真言宗的修行道場。所以有一種說法：高野山乃大師之「身」，東寺乃大師的「心」。在古代，進行四國遍路的人，傳統上必須先到與大師相關的三座京都寺院（包括東寺在內）朝拜，在三寺中分別求得路上所需的木杖、斗笠、香袋，然後從京都出發上路。在順利參拜完畢後，行者最後還要回到東寺，對大師的沿途保佑道謝，稱為「原點回歸」。另外一種傳統是以東寺的大師堂為出發地，以高野山奧之院（大師的肉身所在）為結束點。因為這些原因，現今在東寺，能辦理從四國遍路和高野山平安歸來的朝聖圓滿紀念證書。

朝拜東寺有幾個入口，東門似乎是長期關閉的，遊客和參拜者通常會由南門進入。從南大門看進去，中軸線上分別為供佛的金堂、說法的講堂、供僧的食堂。

從南大門進入寺院，右手邊是著名的五重塔，正前方為金堂（由於同樣座落在中軸線上，講堂、食堂在金堂正後方）。在現今的安排下，寺院分為兩部分：金堂、講堂、花園、五重塔被劃為收費參觀的範圍；其他建築則免費開放；所以，參觀者只可先繞到靠近食堂的售票處購買門票後，方能進入收費範圍。

哪怕沒去過京都，大概都會在明信片或旅遊雜誌上看過東寺五重塔的圖片。這座塔是京都的地標性建築，由空海大師初建於八二六年，後經歷失火，又在一六四四年由德川家光重建。佛塔高五十五公尺，是日本最高的木造五重古塔，屬「國寶」級文物，平時並不對外開放。

金堂建築本身也屬「國寶」級文物，建於七九八年，後曾由豐臣秀賴於一六〇三年重建。金堂主尊是京都十二藥師中的金剛藥師像，屬日本國家指定「重要文化財」級別的文物。相傳，在空海大師從中國渡海回日本時，海途中曾遇龍王供養寶藥。在製造此像時，大師把龍王寶藥納入佛像中裝藏。在藥師像左右，是日

東寺五重塔

光、月光兩菩薩；在其前方則為十二神將。

講堂建築的本身屬「重要文化財」，初建於西元八二五年，後經歷歷代的地震、風災、戰火，在一四九一年重建。在講堂裡面，是按密宗壇城格式安奉的二十一尊像。這二十一尊像很有來頭，其中十五尊為空海大師年代所造，每一尊都列為「國寶」級文物；另外六尊乃候補，其中五尊屬「重要文化財」的級別。壇城中央的主尊大日如來像（也是「重要文化財」），是京都十三佛系列中的第12番朝拜對象。

在分別對應佛、法、僧的金堂、講堂、食堂中，前兩者氣氛肅穆，後者是最熱鬧的。顧名思義，食堂就是僧人吃飯的地點。然而，這座古建築現今並不作為原來用途。食堂中原來供奉的六公尺高的千手觀音像，乃理源大師（空海大師徒孫、天智天皇第六代孫、真言宗醍醐派創辦祖師）雕刻作品。這是洛陽觀音第23番的原朝拜對象，但在一九三〇年的火災中，此像局部受損。此後為了保險的考慮，古像被移至寶物館供奉，只在每年兩次的「特別公開」活動中方能得見。現在的第23番，以食堂現今供奉的十一面觀音取代。在每月的二十一日，食堂都舉辦象徵性的四國遍路「砂踏」（見「遍路豆知識」相關詞條），

東寺金堂

有興趣者可臨時參加，不必預先報名。

大師堂也稱為「御影堂」。這座一三九〇年重建的建築本身屬「國寶」級文物。這是空海大師以前的居室，故被視為日本真言宗的代表性聖地。在這裡，常常能遇到來自日本各地的真言宗信徒特地前來參拜，甚至有來自台灣、香港的日本真言宗傳承弟子到此尋根。進行四國遍路者，傳統也以這裡為出發點。堂內供奉大師像和不動明王。此尊不動明王是空海大師自己供奉的，原像屬於「國寶」，並不公開展示。

空海大師在中國的時期，曾得毘沙門天的加持，廣開智慧。因此，這裡的毘沙門堂，被視為能保佑學業進步的地點。東寺的這座毘沙門堂，同時也是「都七福神」系列中的成員。遺憾的是，堂內的古毘沙門像現今供奉於寶物館內，只在寶物館開放的月份才能看到。這尊「國寶」級文物，原來是供奉於京都城門上鎮守古都的聖像。

寶物館只在每年的三月至五月、九月至十一月進行「特別開放」，其內收藏的寶物、文物無數，包括前面已經介紹過的「國寶」級千手觀音像。

在每月的二十一號，是空海大師的「緣日」。在這一天，寺前露天廣場會有上千個臨時的攤位，稱為「弘法市」（這是因為空海大師別稱「弘法大師」），售賣各種各樣貨品，從古董、佛教用品、手工製作工藝品、土產食品、日常廚房用品都有，就跟廟會一樣。如果日期趕上了，千萬不能錯過。在每年的第一次和最後一次的「弘法市」，往往萬人空巷，據說曾經達到十七萬人次的紀錄。在每個月的第一個星期天，也有專門流通古董的小型活動，通常也有兩三百個攤販。

東寺同時是許多朝聖系列的屬寺：它是真言宗十八本山巡禮系列中的第9番，四國遍路行者以這裡為出發點；其大師堂是京都三弘法之一；其金堂主尊是京都十二藥師中的金剛藥師像；講堂壇城中央的主尊大日如來像是京都十三佛中的第12番像；食堂中的十一面觀音（和寶物館中的千手觀音）是洛陽觀音第23番的朝拜對象；毘沙門堂則是都七福神系列中的成員。

寺院納經處在食堂內部左方。不論是到參拜京都三弘法、十三佛、十二藥師、洛陽觀音、都七福神、四國遍路，一律都在這裡辦理納印，所以尤其必須注意把集印要求說明清楚。

仁和寺

京都　仁和寺（にんなじ）
山號：大內山
宗派：真言宗御室派總本山
本尊：阿彌陀如來
地址：〒 616-8092 京都府京都市右京區御室大內 33

西元八八八年，宇多天皇繼承其父光孝天皇的遺願，建成此寺，並以年號「仁和」為寺名，山號「大內山」。宇多天皇退位後，自己在仁和寺出家並擔任住持。此後，一直到明治維新的廢佛運動前，寺院住持歷代都由皇子、親王出家者出任。因為這個原因，仁和寺也被稱為「御室御所」。在一四六七年開始的應仁之亂中，寺院被毀掉，後由德川家光再興。

寺院範圍內幾乎每一座建築不是「國寶」就是「重要文化財」級別的文物。在收藏寺寶的靈寶館中，有六百多件重量級的文物。此外，寺院還發展出真言宗御室派密法和御室流花道，同時也是京都三弘法、真言宗十八本山之一，其大勢至菩薩像是京都十三佛第9番；不動明王是近畿三十六不動尊中的第14番。一九九四年，仁和寺還被列入聯合國世界遺產名錄中。在每年三月下旬到四月上旬之間，無數本地、國際遊客前來賞櫻，而在十一月下旬到十二月上旬間，這裡是賞楓葉的熱門地點。

雖然經過應仁之亂後的重建，仁和寺仍然保持著皇室的貴族氣息，大部分建築都能看出明顯的宮廷風格，其中部分還是直接從御所宮殿整座移築而來的。

在仁和寺後山，還有一條風景優美的參道，全長約三公里，建立於一八二七年，全程有八十八座小佛龕，每座佛龕都供奉對應四國遍路的八十八寺的本尊，並在佛龕內納入該寺的泥土。這是寺院第二十九代住持，為讓不能前往四國進行八十八寺巡拜的信眾而設立的代替品。時間充裕者可考慮順道參拜。此外，從仁和寺經龍安寺到金閣寺之間的一段路（衣掛之路），是京都古來著名的風景路徑，串連三座聯合國世界遺產古寺，也值得漫步欣賞。

仁和寺本坊

神光院

京都　神光院（じんこういん）
山號：放光山
宗派：真言宗單立
本尊：空海大師
地址：〒603-8836 京都市北區
西賀茂神光院町 120

神光院山號「放光山」，也稱「厄除神光院」。由於寺院前身是京都御所製瓦工匠的宿舍，它也被稱為「瓦屋寺」。在西元一二一七年，上賀茂神社的負責人夢見神明命令，「在靈光照耀之地建一寺殿！」因此便建成了這座佛寺，並命名「神光院」。

神光院是日本古裝劇拍攝取景的熱門地點。自一九六八年《大奧》以來，在多部古裝劇中，在神光院拍攝的場景出現過一百多次。

寺院的本堂，供奉藥師如來、十一面觀音、愛染明王、不動明王、空海大師像等，皆為古像，其中的空海大師像很有典故。傳說，在西元八一六年、空海大師四十二歲時*，曾在當地進行九十天閉關。在閉關圓滿前後，當地老百姓都不捨得大師離開，大師在池塘旁，對著自己的倒影，親自雕刻了這尊自身像，並發願，「此後，

* 日本文化中的「厄年」，即男性的二十五、四十二、六十一歲；女性的十九、三十三、三十七歲。見「遍路豆知識」相關詞條。

對我有信心之男女老幼，見此像便能免於諸病、災厄！」自此，這尊殊勝的大師自造像便被稱為「厄除大師」，被視為特別能除厄的一尊大師聖像。又者，因為這尊像治癒了大師的眼疾，傳說參拜此像對患眼病者特別有利益。

除上述古像外，神光院還收藏絹本著色佛眼曼荼羅圖等幾項「重要文化財」。現今京都國立博物館、東京國立博物館中，有三項「國寶」級的文物，本來亦屬於神光院藏品。

在寺院境內，還有日本古代知名女詩人、陶瓷家大田垣蓮月尼的茶室。據記載，蓮月尼天生麗質，但一生不幸，丈夫早逝，六個兒女相繼夭折。在出家後，她為了照顧年老、多病的父親，在知恩院製作、售賣陶瓷品，並在作品上綴上自己的詩詞創作。由於其美貌，甚至在出家後，向她求婚的人不在少數。她的晚年在神光院度過，最後也死在這裡。

寺院還有一個有趣的看點：在其中一殿前，其牌匾「中興堂」的題字落款是黎元洪。黎元洪（一八六四～一九二八），生於湖北，清末加入海軍，曾多次赴日本學習軍事，武昌起義後任湖北都督、中華民國副總統。袁世凱死後曾兩次擔任中華民國大總統。牌匾無年份，可是根據他的年譜，可以合理推論出題字只可能發生在一八八五至一九二八年之間。

神光寺蓮月尼茶室

〔寫於遍路上的詩歌〕

我在世上尋過你
雖不能確定你在
但如果相見，我便會認得

雖然至今未能辨認
但也不能斷定你真不在

畢竟除了極目眺望
有時我也閉目
掩面
不生一念

扎西拉姆·多多

六　發心道場：德島／阿波國

第1番靈山寺到第23番藥王寺，都在古阿波國境、現代的德島縣境內，合稱為「發心道場」。發心道場的大部分寺院所處位置相對內陸，其中第12番燒山寺、第20番鶴林寺、第21番太龍寺合稱「阿波國三大難所」。第19番立江寺是阿波國的關所，同時也是四國遍路的總關所。第15番是阿波國的國分寺。

佛教小知識

發心

發心又作初發意、新發意、新發心、初心、發意。意思是：發菩提心，願求無上菩提之心。「發心」一詞在《大藏經》中曾出現了三萬一千五百八十三次，出現在六千七百一十六卷經文中。

《涅槃經三十八》曰：「發心畢竟二不別，如是二心前心難。」

《華嚴經》曰：「初發心時，便成正覺。」

《無量壽經下》曰：「捨家棄欲而作沙門，發菩提心。」

《維摩經慧遠疏》曰：「期求正真道，名為發心。」

而於日本淨土真宗之中，「發心」一詞則還有著一個不一樣的意涵，是指初入佛道，或新近出家得度之童男。

第1番：靈山寺

(1) りょうぜんじ
山號：竺和山
宗派：高野山真言宗
本尊：釋迦如來
地址：〒 779-0230 德島県鳴門市大麻町板東塚鼻 126
距離：下一番 1.2 公里

四國許多和空海大師相關的寺院，其實不全由空海大師親自開創，而是創立於更早的年代。靈山寺就是其中一座，它是由更早的行基上人開創的。

印度佛教有一個聖地叫「靈鷲山」，簡稱「靈山」。著名的《般若心經》、《無量壽經》、《妙法蓮華經》都是在此山宣說的。靈山寺的寺名是空海大師出於對這個代表性的印度聖地的紀念。

進入寺院當然都是從正門／山門入內，可是，面對寺院山門時的右邊停車場有一個小道，那裡有一個紅色的木製鳥居型入口*，寫著「發心」，喜歡拍照、儀式感的朋友值得一看。

靈山寺停車場邊
有紅色鳥居型入口寫著「發心」二字

*「鳥居」是神道教的結界建築，相當於佛教的山門。

如果還沒準備好朝聖裝備，在正門左右兩邊的停車場都有專賣店，種類齊全。其中正門左邊的商店群有售一種糯米點心（あわくった），是本地名物。而鳥居那邊的商店是由寺院經營（寺院本堂內也有一間，商品和價格完全一樣）。由於是八十八寺的起點，如果對遍路規矩不是太熟悉，寺院店很樂意免費提供簡單速成教授，並會提供如路上的廉價住宿點名單等等有用資訊。在寺院店裡還有一個《步行遍路帳》，供徒步遍路的人填寫基本資訊和起步日期，想來是為了統計、保障安全的目的。

寺院山門上掛著一個牌匾，可是它不是寺名，而是寫著「竺和山」。這是日本寺院的山號傳統（見「遍路豆知識」相關詞條），在後面的寺院還會不斷看到。

朝拜寺院的流程順序在前面章節已經詳細介紹，需要注意的是，進入寺院後，金剛杖應該盡量插在指定的地方，在離開時切忌不要忘記拿。

除了本堂和大師堂，寺境內還有本堂前的十三佛石像、美麗的錦鯉池、多寶塔*。

前面章節已經介紹過遇到御接待時的相關禮儀。在離開山門時的左邊有一個小攤販，通常都有人在提供御接待。如果看到有人，不妨主動過去接受第一次這種禮遇（個人經驗也曾在寺院店裡得到御接待）。

* 一種兩重風格的佛塔，多見於真言宗和天台宗。

第1番到第2番之間只有一點二公里，約一刻鐘就能走到，哪怕不是全程徒步，也還是可以考慮以古代的徒步方式象徵性地稍走一段作為起步體驗。

順帶一說，第1番到第10番切幡寺之間，大概距離是相對平坦易走的三十公里，這是古代老弱病殘、無法遍禮全程八十八寺者的代替性朝聖路線。

☆行基上人

行基上人（六六八～七四九）是奈良時代高僧，以生年計比空海大師早一百多年。當時朝廷禁止向老百姓傳教，上人不顧禁令到處弘法，並開創許多寺院、設立慈善救濟機構等，朝廷曾多次壓制。到了聖武天皇年代，由於上人太受民間尊崇，朝廷便改了過往立場，索性委任他為負責建造東大寺、奈良大佛的大僧正，上人也因此被尊為東大寺的「四聖」之一，有時也被稱為「行基菩薩」。在四國遍路八十八寺裡，有不少座是由上人開創，或傳說是由他開創的。

四國第一番「靈山寺」山門

第2番：極樂寺

(2) ごくらくじ
山號：日照山
宗派：高野山真言宗
本尊：阿彌陀如來
地址：〒 779-0225 德島県鳴門市大麻檜字段の上 12
距離：下一番 2.5 公里

寺院的歷史早於空海大師，傳說是行基上人所開創。

空海大師四十二歲時，在此地修持彌陀法門二十一天後，彌陀顯靈現身，大師根據所看到的形象，親手雕刻出一百四十公分高的佛像，奉為寺院本尊，現在屬於「國寶」級文物。據說，佛像自己會放出光明射至遠方，黑夜如同白晝，當地漁民擔心影響漁獲，便在寺前堆出了一個人造小山丘，這就是寺院山號「日照山」的由來。

寺境內的庭園比較有名，稱為「雲海淨土」，有一棵老杉樹是大師親手種下，至今約一千二百年歷史，被稱為「長命杉」，許多信眾會觸摸樹身祈禱自己的長壽。此外還有藥師堂、安產大師像，後者的典故是：在明治時期（一八六八～一九一二），一位來自大阪的孕婦祈禱順產，夢到大師命她進行遍路，當她來到此寺時出現早產跡象，再次夢到大師命她繼續朝聖，孕婦便繼續上路，朝聖圓滿後順利生產、母子平安，便回來贊助了這尊大師像，供後來者祈禱順產。

順便一說，寺院的露天地方有一座佛足石（見「遍路豆知識」相關詞條），可以自行觸碰以求加持。八十八寺其他寺中，還有好幾座也有同樣的聖物（設計不盡相同），後不贅述。

☆ 安產大師

安產大師也稱「子安大師」，這是特別保佑小孩、孕婦的一種空海大師形象，通常是站立而手抱一嬰孩，或被小孩圍繞著。這種大師的造型，有時容易和地藏菩薩形象混淆。在遍路和其他真言宗寺院中，常常會看到這種大師像。

第3番：金泉寺

(3) こんせんじ
山號：龜光山
宗派：高野山真言宗
本尊：釋迦如來
地址：〒 779-0105 徳島県板野郡板野町大寺字亀山下 66
距離：下一番 5 公里

金泉寺原名是「金光明寺」，也是由行基上人開創的。空海大師到此地時，知道了本地缺水，遂以神通開出一口「黃金泉」，從此寺院改為現名。傳說，如在井中看到自己倒影，便能得享長壽，否則就會在三年內去世。

在寺院內，有一座紅色八角建築，裡面供奉了一尊觀音像。古代知名武將源義經在朝拜此像後反敗為勝，所以這尊靈驗的聖像稱為「勝運觀音」。在納經所前的花園裡有一塊大石頭，傳說源義經在此曾命其手下弁慶舉石顯示實力，石頭因此稱為「弁慶力石」。

☆源義經和弁慶

源義經是日本歷史上的平源合戰中的關鍵人物，是日本最受歡迎的英雄角色，至今常常在動漫電玩、傳奇小說中出現。弁慶是他的忠心下屬、出生入死的戰友，武藝高強，是日本武士道精神的代表性人物之一。源義經、弁慶和平源合戰，是一篇可歌可泣的史詩，可自行參考相關歷史書籍。

第4番：大日寺

(4) だいにちじ
山號：黑巖山
宗派：東寺真言宗
本尊：大日如來
地址：〒779-0113 徳島県板野郡板野町黒谷字居內28番地
距離：下一番2公里

前面三番都是由行基上人開創的，第4番是順序遍路八十八寺時第一次遇到空海大師親自創辦的寺院。

西元八一五年，大師四十二歲時，在此地修法而得大日如來感應，為此雕刻了一尊五十五公分的大日如來像供奉於此，寺院也因此得名。

來到山門可以特別注意，這裡的山門和鐘樓是二合一的設計。這樣的設置本來比較罕見，但在八十八寺裡還有另外幾座也是如此。

除了本堂、大師堂外，寺內還有一套一七六四年大阪信眾供奉的西國三十三觀音代替木雕像（見「遍路豆知識」相關詞條），可以順便進行代替性的巡禮。

大日寺山門和鐘樓是二合一的設計

第5番：地藏寺

(5) じぞうじ
山號：無盡山
宗派：真言宗御室派
本尊：勝軍地藏
地址：〒779-0114 德島県板野郡板野町羅漢字林東5
距離：下一番 5.3 公里

寺院由空海大師在西元八二一年開基。寺院的本尊是全國少見、遍路唯一的騎馬地藏菩薩像，據說為後來的紀州淨函上人用靈木雕刻，可是還傳說這尊菩薩像裡面，藏有一尊空海大師雕刻的小地藏像。

本堂的牌匾比較有趣：題字者是個華人。馮鏡如，祖籍廣東南海（今佛山），生於香港，早年入英國籍。父馮展揚，在香港經商，因結交太平軍士兵被捕入獄，兒子為免受株連，東逃日本，在橫濱專營外國文具及印刷事業。他一八九五年在日本參與組建興中會。清末民主革命者馮自由是他的兒子。牌匾題字日期是光緒丙子夏，即一八七六年。在後面的番數裡，還有若干由清末民初華人所題的牌匾，其中不乏名人，參拜時不妨多舉頭留意。

山門和大師堂之間有一座「淡島堂」，傳說在這裡祈禱可以封印萬病。寺境內的大銀杏已有八百年歷史，人們常常對它祈禱自己長壽。

如果有時間，值得多走幾步去寺院的奧之院羅漢堂。這裡供奉栩栩如生的五百尊羅漢、全部八十八寺的本尊代替像，和西國三十三觀音的代替像。羅漢堂原為一七七五年由一對兄弟僧人所建，後因失火，現在的大部分聖像為後補，約百年歷史。

地藏寺奧之院五百羅漢堂

第6番：安樂寺

(6) あんらくじ
山號：溫泉山
宗派：高野山真言宗
本尊：藥師如來
地址：〒771-1311 徳島県板野郡上板町引野字寺ノ西北8
距離：下一番1公里

這座西元八一五年由空海大師開創的寺院，是古代制定的「驛路寺」之一，為旅人提供住宿便利，寺院現今有通夜堂和以療效卓著出名的付費溫泉宿坊。據說大師認為此地與藥師如來有緣，所以，寺院的本尊是大師親刻的藥師如來像。在一九六二年，這裡還發生過一起絕症痊癒的靈驗案例，廣為人知。順帶一說，在八十八寺本尊裡，藥師如來占了很大比例，這是順序遍路時遇到的第一尊。

進入寺院後，庭園的中央有一棵一千多年樹齡的「逆長松」，傳說一個獵人看到山野中的空海大師，誤以為是狗熊，用箭射擊不中，卻打下了一根松樹的樹枝，大師把樹枝倒種，竟然養活。傳說面對它祈禱可以除去障礙和厄運。左邊多寶塔周圍，埋下了八十八寺的砂土，供無法進行完整遍路的人作代替性的朝聖，稱為「砂踏」（見「遍路豆知識」相關詞條）。

寺匾由清末彭蘊章所題。彭蘊章是江蘇長洲人（今蘇州），道光十五年

（一八三五年）乙未科進士及第，題字日期是道光二十六年，即一八四六年。

在大師堂的前側，立有一尊露天大師像。在大師像的下方可以找到一些小木條。參拜者在大師像前許願，按自己的年齡數字相加計算，然後取這數目的木棒（如五十二歲就是五加二等於七根，餘此類推），順時針方向右繞這尊大師像，同時念誦御寶號「南無大師遍照金剛」，每回到取木位置就放回一根，一直到手裡沒有木條、完成繞拜為止，傳說就能願望圓滿。寺院境內還有西國三十三觀音的石雕代替像，有時間者可以逐一朝禮。

在宿坊的小店裡，有流通一種按自己屬相選購的藥師如來十二神將御守，在別的地方較難遇到。此外，在離開寺院時可以留意，停車場和山門之間的小店，售賣「逆長松煎餅」（さかまつ煎餅），相當出名，不妨一試。

逆長松

第7番：十樂寺

(7) じゅうらくじ
山號：光明山
宗派：真言宗單立
本尊：阿彌陀如來
地址：〒771-1509 德島県阿波市土成町高尾字法教田58
距離：下一番4.2公里

西元八〇六至八一〇年之間，空海大師行腳在這附近，感受到阿彌陀如來的加持，便刻了一尊樟木彌陀像安奉，創立了此寺。大師因見人間痛苦，而希望眾生得到十種極樂世界的快樂，故把寺院命名「十樂」。

寺院的二合一的鐘樓山門，被形容為有中國風格。第二道門是愛染堂，其上供奉日本民間認為對愛情姻緣靈驗的愛染明王和多尊地藏菩薩小像。在這兩座建築之間，有七十尊露天的「水子地藏」，這種造型的地藏像，是專門為了利益、超度那些被墮胎、小產、夭折的小孩而建立的，此後的番數裡還會遇到。

寺境內有一座「治眼地藏」的小龕，虔誠祈禱可以治療眼睛方面的疾病，在流通處也有售賣專門保佑眼睛健康的御守（第39番延光寺、第52番太山寺、第77番道隆寺也和眼睛健康相關）。

第8番：熊谷寺

(8) くまだにじ
山號：普明山
宗派：高野山真言宗
本尊：千手觀音
地址：〒771-1506 徳島県阿波市土成町土成字前田185
距離：下一番2.5公里

空海大師據說曾經遇到紀州的熊野神（熊野權現）現身，授予一尊五點五公分的金觀音，勸請大師救度眾生。西元八一五年，大師便以禮佛三拜才下一刀的方式刻出一尊和他等身高度的觀音像，把小的金觀音用作裝藏，創辦了這座寺院。不幸的是，原來的觀音像在一九二七年寺院失火中燒毀，現在的本尊是新造的。

寺院的山門是八十八寺裡最大的木造山門，一六八七年建。傳說它的兩尊力士本是為第7番而造，可是搬運過去以後，又顯靈自走回來，在發生好幾次以後，大家只好妥協，把他們安奉於此。除了最大山門，寺院的多寶塔也比較有名堂，乃四國地區最古老及最大的同類佛塔。

在寺院的書院庭園裡，有一棵「如同臥龍」的松樹，也是比較有名的。

熊谷寺山門是八十八
寺裡最大的木造山門

熊谷寺多寶塔是四國地區
最古老及最大的同類佛塔

第9番：法輪寺

(9) ほうりんじ
山號：正覺山
宗派：高野山真言宗
本尊：涅槃釋迦如來
地址：〒771-1506 徳島県阿波市土成町土成字田中 198-2
距離：下一番 3.8 公里

在西元八一五年，空海大師來到寺院現址近處，雕刻了一尊臥佛，創辦了法輪寺。寺院後來歷經變遷，佛像被搬到了現在所在地。在八十八寺院中，只有這一尊釋迦牟尼是臥佛的姿勢，每五年開帳展示一次，其他時間不公開。

此寺是祈禱足部健康、腳患痊癒的寺院，能看到許多人供養草鞋許願，還有一些古代的拐杖，是痊癒者專門回來供養給寺院作為靈驗見證的。如果要進行足部健康的許願，可以在納經處購買許願專用小草鞋，和做成草鞋模樣的足腳健康御守。

在離開寺院時可以留意寺前的小店，這裡的草餅（くさもち）是本地名物，感興趣的話可以嘗試一下。

痊癒者留下的拐杖見證

第10番：切幡寺

(10) きりはたじ
山號：得度山
宗派：高野山真言宗
本尊：千手觀音
地址：〒 771-1623 徳島県阿波市市場町切幡字観音 129
距離：下一番 9.8 公里

如果是徒步前往，這裡需要登三百三十三級階梯上到半山，參拜後又原路返回，可禮貌請求上山前經過的遍路用品專賣店代為看管隨身較重的物品，通常都會熱情應允。

這座寺院的建立年份不詳。最初的緣起是，空海大師路過附近，聽到織布的聲音，便希望討點碎布修補袈裟，可是織女慷慨地把剛織好的布剪開供養大師（這是寺名「切幡」的緣起）。大師看織女虔誠，便問她有什麼心願，女說希望有一尊為父母所造的觀音像，並表示希望能幫助眾生，大師便雕刻了千手觀音像，並為她傳法灌頂（這是寺院的山號「得度山」、院號「灌頂院」的緣起）。可是，在傳法後，織女發出彩光，自己也變成了一尊千手觀音像。大師向當時天皇彙報此事，天皇命其建寺供奉，所以便有了這座以女人除障出名靈驗的寺院。在建寺時，大師把自己雕刻的觀音面南而供，其背後是祕不示人、向西而立的織女觀音像。

寺院的大塔特別有名，是日本三大塔之一。這座佛塔本來是豐臣秀吉之子豐臣秀頼贊助建造在大阪住吉神宮的，到了後來年代出現「神佛分離令」和廢佛運動（見「遍路豆知識」裡的「日本佛教簡史」），大塔被荒廢了，在一八七三年被買下，移建於此。

在本堂和大師堂之間的露天位置，可以看到一尊青銅的切幡織女形象的觀音像。

切幡織女形象的觀音

〔寫於遍路上的詩歌〕

你知道諸法如夢
但你不知道
有多少菩薩在陪你演這
如夢之夢
你不知道
每一樁觸發智慧的苦事
是需要多少慈悲
才籌謀而成的苦差事

扎西拉姆·多多

四國第十一番

藤井寺

第11番：藤井寺

(11) ふじいでら
山號：金剛山
宗派：臨濟宗妙心寺派
本尊：藥師如來
地址：〒 776-0033 德島県
吉野川市鴨島町飯尾
1525
距離：下一番 12.5 公里

空海大師在西元八一五年、四十二歲厄年時，為了去除自己和所有眾生的障礙，在這三面環山的美麗地方修除障護摩，並雕刻了一尊藥師如來像，建寺供奉。寺院以大師親植的五色紫藤出名，在每年四、五月時最為漂亮。

後來，寺院建築失火燒毀。到了一六七三至一六八一年之間，一位臨濟宗僧人恢復了凋零的寺院，從此成為八十八寺裡唯八不屬真言宗、唯一屬臨濟宗的寺院（見「遍路豆知識」相關詞條）。

寺院的藥師對於除厄特別靈驗。在參拜本堂本尊時，可以留意天花板上的著名龍圖。迴廊上有一尊賓頭盧羅漢（見「遍路豆知識」相關詞條），這種聖像常常出現在大殿迴廊，在後面番數還會常常遇到。在本堂前有一個木槌，可根據自己年齡敲打同樣遍數除障。

從此寺通往下一番，有一段十三公里的山路，屬於古遍路道，是徒步最艱辛的一段。哪怕不是在進行徒步朝聖，也可以考慮略作體驗。古道起始段設西國三十三觀音、四國八十八寺本尊的代替性佛龕，在拜完這兩套迷你巡禮後往回走，來回大概需要半小時。

通往第 12 番的古遍路道，是徒步最艱辛的一段。

第12番：燒山寺

(12) しょうさんじ
山號：摩廬山
宗派：高野山真言宗
本尊：虛空藏菩薩
地址：〒771-3421 徳島県名西郡神山町下分字中318
距離：下一番 21.5 公里

這座寺院雖然實際由空海大師創立，可是它的前身是役行者的修行地（見「遍路豆知識」相關詞條），所以通常說是「役行者開基／空海大師開山」。它位於八百公尺高山上，是八十八寺裡第二高（僅次於九百一十一公尺的第66番雲邊寺），古代徒步最難到達的一寺，與第20番鶴林寺、第21番太龍寺合稱「阿波三大難所」*。所謂「難所」，是形容路途特別艱難，以致難以到達的番號。

空海大師來到此地時，聽說有大蛇精常常口噴毒火為害當地（這是寺名「燒山」的緣起），便修法以水輪熄火（山號「摩廬」就是「水」的意思），並得虛空藏菩薩顯靈相助降妖，把大蛇封禁在現在寺院和奧之院之間的山洞。大師雕刻了一尊三面大黑天安奉在山洞，又刻了虛空藏菩薩像供奉於此，成為一座佛寺。然而，由於前述役行者的淵源，這裡至今仍然同時也是修驗道的修行地點。

* 古來形容遍路的艱辛，有「一燒山，二鶴林，三太龍」之說。

從停車場前往本堂，需要經過一段十分鐘的路程，風景優美，途中還能看到很多露天的佛像。在寺院境內，有許多幾百年樹齡的參天大樹。

視朝聖方式和行走路線，在前往或離開寺院時，會經過杖杉庵。有關遍路開祖衛門三郎的典故，在前面的「四國遍路概說」一章中已有介紹。杖杉庵這個地方，就是當年衛門三郎臨終前遇到大師的地點。在他去世後，被原地埋葬，墓碑寫著「八蓮大居士」，這是經過修飾的尊稱，實際上是呼應他當初把空海大師的僧缽摔到地上裂為八片的典故。在墓碑的背後有一棵老杉樹，傳說是衛門三郎的手杖插地長成（這是此地點稱為「杖杉庵」的命名緣起）。杖杉庵作為一個特殊地點，是可以單獨納經的，可是卻由燒山寺代管；如果希望得到杖杉庵單獨的納印，必須記得在燒山寺時額外要求。

杖杉庵朱印

衛門三郎墓碑，背後是他的手杖插地長成的老杉樹。

第13番：大日寺

(13) だいにちじ
山號：大栗山
宗派：真言宗大覺寺派
本尊：十一面觀音
地址：〒 779-3132 徳島県徳島市一宮町西丁 263
距離：下一番 2.5 公里

空海大師在西元八一五年於此地修護摩時，感得大日如來在紫雲中親現，並告知此處是一個靈地，命其建寺。大師便雕刻了一尊大日如來，開創了寺院，命名為「大日寺」（與第4番、第28番同名）。在寺院的附近是一宮神社，原供有行基上人雕刻的十一面觀音。到了後來，由於「神佛分離令」，一宮神社的觀音像被移供於此，成為本尊，而原來的本尊大日如來反而成為了副尊。

寺院的木造山門風格特別，據說是古代武家、醫家的風格。寺境內的露天地方，有一尊合掌觀音，和一尊個人覺得工藝特別精美的水子地藏像。

在納經所可能會留意到一些韓文資料，這是因為大日寺現在的女住持是一位同時也教導韓國舞蹈的韓國人。

在馬路的對面是現今已頗見凋零的一宮神社。從這裡，有一條小路可以去往一座城堡的廢墟。

在古代，第13番到第17番是一個獨立的小朝聖系列，全長只有八點二公里，傳統習俗是必須在一天內拜完。

水子地藏

第14番：常樂寺

(14) じょうらくじ
山號：盛壽山
宗派：高野山真言宗
本尊：彌勒菩薩
地址：〒779-3128 徳島県徳島市国府町延命 606
距離：下一番 1 公里

空海大師在西元八一五年，感應到彌勒菩薩現身，便刻了一尊八十公分的彌勒像安奉。寺院建築實際由他的弟子後來建立（寺院曾經經歷移建、重建，現址不是當初原址）。在八十八寺裡，這是唯一奉彌勒菩薩為本尊的寺院。〈四國遍路概說〉一章中介紹過知名的流浪詩僧種田山頭火的名句「人生即遍路」，在寺院台階參道的起點，就有一方刻著這句話的石碑（在後面的番數裡還會遇到同款石碑）。

進入寺院，首先映入眼簾的是天然的岩石斷層地面。這是寺院出名的「流水岩之庭」。

在本堂前有一棵老杉樹，樹上有一尊不易發現的空海大師小像。傳說大師曾經用這樹的樹枝、樹葉煮藥，治癒了一老人的糖尿病，所以它被視為靈木，常常有糖尿病患者對著樹上的大師像祈禱加持。在納經所偶然有售賣這靈樹木材製作的筷子，傳說能幫助糖尿病患者。

寺院的地藏像，傳說對祈禱解決小孩夜啼、牙疼問題靈驗。步行五分鐘可達的奥之院觀音像，則以祈禱順產靈驗著稱。

天然的岩石斷層地面：流水岩之庭

第15番：國分寺

(15) こくぶんじ
山號：藥王山
宗派：曹洞宗
本尊：藥師如來
地址：〒779-3126 徳島県徳島市国府町矢野718-1
距離：下一番 1.7 公里

八十八寺裡有四座同名寺院，均稱「國分寺」，其前身均為皇家寺院。第15番是古代阿波國的國分寺，然而在現代，除了寺名見證其古代皇家寺院歷史地位，性質和普通寺院已經沒有重大區別（見「遍路豆知識」相關詞條）。此寺由行基上人在西元七四一年受天皇之命開寺，現在是一座曹洞宗的寺院。

山門的「藥王山」山號寺匾由中國陳鐘麟題字。陳鐘麟是清代蘇州人，號厚甫，乃嘉慶己未年（一七九九年）進士，官至浙江杭嘉湖道，他同時也是一位知名戲曲作家。

進入寺院，能看到古代的七重塔的石基。眾所周知，日本處於地震帶上，在古代，大部分佛塔都是二層的多寶塔、三重塔、五重塔設計，歷史上只曾興建過少數幾座七重塔。不幸地，到了現在，這種木造高塔舉國無存，僅剩幾處塔基見證曾經輝煌。

由於本尊是藥師如來，本堂牌匾以藥師如來的琉璃淨土為名，殿匾寫的是「琉璃殿」。有趣的是，這個殿匾也是中國人題字。董誥是浙江富陽人，清朝進士出身，官至文華殿大學士，與和坤、李鴻章同職位（董誥是和坤的接任人，李鴻章是他十任以後的接班人）。本堂後面有一個出名庭園，有興趣的可付費參觀。

在大師堂旁邊有一個烏瑟沙摩明王堂。這尊烏瑟沙摩明王，是空海大師修法十七天後親手雕刻。小殿是這座寺院在戰國年代唯一未被戰火波及的殿堂。在八十八寺中，有多座寺院都售賣一種洗手間鎮所符札——烏瑟沙摩明王札，但這一番的應該可說是較有代表性。

洗手間鎮所符札——烏瑟沙摩明王札

☆烏瑟沙摩明王

梵名為Ucchusma，在各經中又稱譯為「火頭金剛」、「烏樞沙摩」、「烏芻澀摩」、「烏芻瑟摩」、「烏樞瑟摩」等，於《楞嚴經》、《圓覺經》、《烏樞沙摩明王神通陀羅尼經》中都曾出現。多數學者認為，烏瑟沙摩明王與佛教的另一忿怒尊穢跡金剛為同尊。

烏瑟沙摩是佛教的護法性質，不畏汙穢，在不淨場所誦念其號不為不敬，且能掃滅汙穢，故此日本人常於洗手間前供奉。在第27番神峰寺洗手間前，還有一尊很莊嚴的烏瑟沙摩立體銅像。

第16番：觀音寺

(16) かんおんじ
山號：光耀山
宗派：高野山真言宗
本尊：千手觀音
地址：〒779-3123 徳島県徳島市国府町観音寺49-2
距離：下一番 3 公里

寺院的前身和全國建立國分寺同時代，也是天皇命令建造的皇家寺院。西元八一六年空海大師來到這裡，雕刻了等身大小的觀音像，和護國的毘沙門天王、除魔的不動明王，一共三尊，並為寺院重新命名，因此在文字資料上，一般以大師作為開基祖師。

進門後的右邊，有一尊小的地藏菩薩石像，稱為「夜泣地藏」。許多父母來這裡，祈禱小孩晚上夜啼、無法穩睡的問題得到改善。石像上的紅圍巾是父母的還願供養。

如果對書法不是太熟悉，本堂的殿匾漢字「大悲殿」讀起來可能會有點難讀。在這個匾額旁邊有一幅畫，畫中是一個燃燒中的女人，其典故是：在一八八四年，一個附近淡路島的女人進行遍路來到這裡，在烤火的時候突然衣服著火，幸好後來沒有重大損傷。這婦女自己承認，以前曾以柴薪拷打婆婆，現在著火是報應的預兆。她在後來供奉了這張圖畫，寫明了來龍去脈，作為對後人的見證和勸告。

大師堂的上方同樣有趣。如果仔細看，匾額的後上方刻有一個小小的金剛杵，呼應大師從中國擲杵而落在日本高野山的典故。

觀音寺雖然不是很大，也沒有很特別的景色或建築，可是卻有一件寶物——空海大師雕刻的《光明真言》印板（也有說是用大師的墨寶拓刻出來的印板）。繳納一份很小的志納金後，寺務所便會在香客暫時脫下的白衣衣襟上印上真言，過程大概十分鐘。

夜泣地藏

四国第十七番

井戸寺

第17番：井戸寺

(17) いどじ
山號：瑠璃山
宗派：真言宗善通寺派
本尊：藥師七佛
地址：〒 779-3118 徳島県徳島市国府町井戸北屋敷 80-1
距離：下一番 19 公里

第17番的開基年代很早，是西元六七四年在天武天皇之命下創辦的。

八十八寺院的絕大多數，都只供奉一尊佛像作為本尊，頂多還有配套的左右兩眷屬，可是這也有例外情況，譬如這裡的本尊就不是一尊，而是一組的藥師七佛（第37番岩本寺是另一個例外的案例，有五座聖像同為本尊）。原來的七尊佛是日本佛教之父聖德太子雕刻，並由行基上人雕刻日光、月光兩位眷屬菩薩配套。八一五年，空海大師到此，雕刻了一尊兩公尺高的十一面觀音，和十二神將、四大天王像。

大師在這裡的時候，見當地水源渾濁，傳說他以錫杖一夜之間開出了一個新井（這是寺名「井戶」的緣起），並根據自己在水面的倒影刻了一尊自身像。

這座井至今還在，參拜者可以從井裡看自己的倒影，傳說如看得清就一切安好，看不到則代表三年內會遭遇不幸。大師刻的自身像也還在，傳說在特定的日子對其祈禱會特別靈驗。井戶的加持水可以免費飲用、取走。如果沒有帶合適的容器，這裡也提供自助投幣購買的塑膠瓶。

☆ 聖德太子

西元六世紀中葉，佛教自中國經朝鮮傳入日本。在聖德太子輔政年間，他下詔興隆佛法，創建寺院，親自宣講佛經及著疏，遣使入唐交流，並以佛教為國教，被視為日本佛教之父；與此同時，太子也是日本書道之父，是從一九五八年到一九八三年間的一萬日円的幣面人物。

空海大師一夜之間
開出了一個新井，
這是寺名「井戶」的緣起。

第18番：恩山寺

(18) おんざんじ
山號：母養山
宗派：高野山真言宗
本尊：藥師如來
地址：〒 773-0008 徳島県小松島市田野町字恩山寺谷 40
距離：下一番 4 公里

寺院古名為「密嚴寺」，乃行基上人開基，最初是不允許女性參拜的。空海大師於百多年後在此寺修行時，其母玉依御前來探望他，在大師於附近瀑布修法多天並強烈要求後，禁令被解除了，大師之母遂在此寺落髮出家，寺名和山號也因此變成「母養山恩山寺」，以紀念大師的孝道。

此寺古來被視為女性除障的靈驗祈禱地點。山門旁邊的一棵古樹，是大師為迎接並紀念母親的到來而親手種下的迎母樹。大師堂側面是大師母親的落髮處。

這座寺院製作、流通一種稱為「袈裟曼荼羅」的聖物，在日本其他地方比較少見，傳說有鎮宅、超度亡者的作用。

順便一說，恩山寺位於小松島市地區。這裡的竹輪魚餅稱為「竹子竹輪」（竹ちくわ），和日本其他地方生產的有所不同，尤其出名。此外，小松島市也是著名傳說「阿波狸合戰」的發生地點（宮崎駿動畫《平成狸合戰》的故事原型），故事主角金長狸貓的神社距恩山寺約二點五公里。

空海大師母親的落髮處

第19番：立江寺

(19) たつえじ
山號：橋池山
宗派：高野山真言宗
本尊：延命地藏菩薩
地址：〒 773-0017 德島県小松島市立江町若松13
距離：下一番 14 公里

寺院的雛形，是為了供奉行基上人為祈皇后順產而雕刻的六公分地藏小像而創立*。後來西元八一五年空海大師雕刻一點八公尺地藏像，把先輩本尊小像納入裝藏**，並把寺院命名「立江寺」。這座寺院歷經遷移、戰亂、火災，可是本尊從沒受到絲毫損傷。

參拜本堂時可以留意頭頂天花板的兩百八十六格小畫（格天井畫），這是東京藝術大學教授等四十多人在一九七七年聯手描繪的工筆花鳥圖。

參拜大師堂後，記得一定要往裡再走一點，找到一個叫「黑髮堂」的小龕。這裡有一個有趣的典故：在一七一八年（另說為一八〇三年），一對男女來寺參拜，可是，在敲鐘的時候，女子長髮突然豎立起來，和鐘繩糾纏一起，眾人花了很大功

* 「念持佛」，即隨身攜帶款式的小佛像。
** 「胎內佛」，即較大佛像體內裝藏的較小佛像。

夫也無法解開。住持認為必然是某種報應，此時男女承認了，男的是這位叫「阿京」女子的情夫，二人因謀殺阿京的丈夫而逃亡至此。在阿京表達懺悔後，突然頭髮就從鐘繩解脫了下來，可是長髮和部分頭皮卻仍然纏在粗繩上。從此兩人就在寺院出家，餘生都在此寺本尊前懺悔罪過。黑髮堂小龕裡面，裝著這段仍然和黑髮糾纏著的粗繩，為後人提供警示。因為這個典故，立江寺被認為是古阿波國關所和四國遍路的總關所（見「遍路豆知識」相關詞條）：心靈不清淨的人，如果不誠心懺悔淨罪，到此關卡便無法繼續前行遍路。

　因為前述關所典故，寺院的納經所提供一枚有趣印章的蓋印服務，其圖形模仿古代旅人的通行腰牌，上面寫著「四國總關所通行證／善人之證」，相當於現代的旅遊簽證。這是正常納經以外的服務，另行收費，可要求蓋在納經本空白頁、白衣、不掉色的朝聖頭陀袋上。

　從寺院出來時，還可以去往大門右手邊不遠處的老鋪酒井軒，購買本地出名的黑米豆沙餅（たつえ餅）。

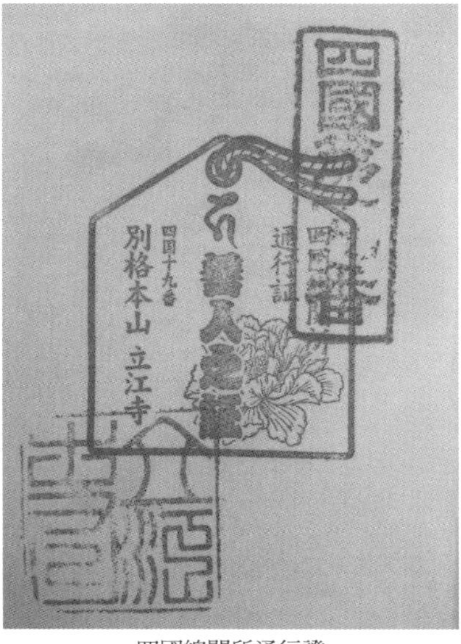

四國總關所通行證

第20番：鶴林寺

(20) かくりんじ
山號：靈鷲山
宗派：高野山真言宗
本尊：地藏菩薩
地址：〒 771-4303 德島県勝浦郡勝浦町生名鷲ヶ尾 14
距離：下一番 6.5 公里

前面說過，古來有「一燒山，二鶴林，三太龍」之說；第12番、第20番、第21番合稱「阿波三大難所」，路途艱辛、難以到達。

鶴林寺由空海大師受天皇命而開基於西元七九八年。當時大師來到此地，見雌雄雙鶴守衛著一尊五點五公分的地藏菩薩金像從天降下，便雕刻九十公分高的地藏像，把天降小像作為裝藏的「胎內佛」納入。歷代以來，平城、嵯峨、淳和等歷代天皇，以及源賴朝、源義經等武將，都曾大力贊助寺院。在十六世紀戰國年代的戰火中，八十八寺大部分被嚴重損毀，鶴林寺由於處於山上倖免於難。

鶴林寺位於七百五十公尺的山上，附近有許多千年古樹，能遙望太平洋。山門的力士乃極為著名的佛像藝術家運慶大師

蓋在白衣上的鶴印

所刻。

本堂前有一對雌雄雙鶴銅像，栩栩如生，守護著大殿。在本堂的左邊有一棵古樹，乃空海大師親自種下。

與上一番立江寺一樣，這裡也有一項特殊蓋章服務：第20番鶴林寺、第21番太龍寺、第39番延光寺分別與鶴、龍、龜三靈獸相關，各有特殊印章，可以付費要求蓋在白衣、頭陀包或納經本空白頁上。雖然並無限定，可是三者通常成套，要就不蓋，或就集齊。

守護大殿的雌雄雙鶴

〔寫於遍路上的詩歌〕

於千山千葉之中
唯聽見竹的茶娘
於千川千潯之中
獨看漣漪的遠人
要走過多少路途
才能相遇成一爐
蟹目連珠沸的熱茶
一步七步間
或是一劫三劫裡？

大事因緣自難遭遇
小事因緣同樣難期
一茶既成
奉若佛之出世
於千念千思之中
唯佛知我敬重
敬因緣法
如敬空

扎西拉姆·多多

第21番：太龍寺

(21) たいりゅうじ
山號：舍心山
宗派：高野山真言宗
本尊：虛空藏菩薩
地址：〒771-5173 徳島県阿南市加茂町龍山2
距離：下一番12公里

西元七二九年，天皇命令建立此寺，後來約在七九八年，空海大師把自己刻製的虛空藏菩薩安奉於此，成為這裡的本尊（原像已在後來火難中燒失，現在的本尊像乃後作）。這是「阿波三大難所」的第三座，可是現代已經有西日本最長索道纜車設施登山（每小時三班次，全長二千七百七十五公尺），不再痛苦。

從纜車上可以看到稱為「舍心之嶽」的山頂（這是山號「舍心山」的緣起），上有露天大師像。這是大師十九歲時連續百日修一種叫「虛空藏聞持法」密法之聖地；如果想登頂，需要從太龍寺走半公里前往。

寺院的大師堂比較特別，其布局模仿高野山的設計，所以寺院有「西高野」之稱。大師堂的迴廊雕刻是中國的竹林七賢、司馬光童年軼事主題。

寺院境內還設有「厄坂」（見「遍路豆知識」相關詞條），參拜者如果是靠近或者正值厄年，可以準備錢幣從山腳往上走，每一級放一個銅錢，直到走到自己年齡那級為止，進行除障、轉運。

前章說過，第20番鶴林寺、第21番和第39番延光寺，分別與鶴、龍、龜三靈獸相關，可以在納經處付費辦理額外的蓋印。在納經處隔壁的建築，天花板上有出名的龍畫，乃名家作品。

如果喜歡購物，回程的山頂纜車站通常提供熱騰騰的本地松茸湯試喝，也可以買回家，深受朝聖者喜愛。在山腳纜車站不遠處，有一家店叫「津田千壽苑」，其甜品在本地很有名氣。

特殊的龍朱印

太龍寺大師堂布局模仿高野山的設計，有「西高野」之稱。

四國第二十二番

平等寺

第22番：平等寺

(22) びょうどうじ
山號：白水山
宗派：高野山真言宗
本尊：藥師如來
地址：〒779-1510 徳島県阿南市新野町秋山177番地
距離：下一番21公里

空海大師在西元八一四年來到這裡時，看到天上有五色雲彩，中間有一個金色梵字化成藥師如來，大師便趕緊找水供佛，用錫杖杵地，湧出了乳白色的靈水（這是山名「白水山」的緣起）。大師用水沐浴，然後修行一百天，雕出了本尊藥師如來像，創辦了寺院。由於大家都能取水而得到加持，故名「平等寺」。

來到這裡，可以自助拿水飲用；如果沒有自帶容器，也可以自助投幣購買塑膠瓶。據說這個靈水有很神奇的開運、治癒效果，尤其對腿患特別有幫助。

寺院和前番一樣設立「厄坂」，但必須注意這裡的分為男女兩段不同的階梯。

本堂裡面，可以看到痊癒了的人所供奉以前使用過的拐杖、轎子作為見證（平等寺有三台轎子；第44番大寶寺、第57番榮福寺、第88番大窪寺也各有一台）。這裡的天花板和第19番一樣，有各種工筆繪畫。

由於寺院出自五色雲彩的緣起，各殿到處可以看到五色裝飾，納經所也售賣這裡獨有的五色納札，此外還有保佑腿部健康的佛足印御守（很多寺院也有流通，可是這裡的或許可說較有代表性）。

順帶一說，在本堂和納經所，各有一幅英文題字，乃由弗雷德里克・斯塔爾（Frederick Starr）所寫。這位美國芝加哥大學人類學學者曾經在一九一七、一九二一年進行遍路，是第一位白人遍路者。

第一位白人遍路者英文題字

第23番：藥王寺

(23) やくおうじ
山號：醫王山
宗派：高野山真言宗
本尊：厄除藥師如來
地址：〒779-2305 德島県
海部郡美波町奥河內
字寺前 285-1
距離：下一番 83.5 公里

西元七二六年行基上人受命於聖武天皇而初建，八一五年空海大師受命於平城上皇擴建，後來的嵯峨天皇、淳和天皇、後鳥羽天皇、後醍醐天皇都曾大力贊助。與前兩番一樣，寺境裡也有「厄坂」；這裡的是和上一番一樣的男、女分開版。本堂的本尊是空海大師雕刻的厄除藥師如來。在後來，寺院曾經遭遇火災，傳說佛像自己淩空飛走，在重建大殿時，自然新造了代替像，可是原來的卻又自己飛回。現在的本堂供奉著兩尊本尊，背靠背。很多內行的香客會刻意繞去大殿的後牆，面對飛行本尊祈禱。

在本堂前有一個類似銅鑼作用的雲板，稱為「隨求鐘」，用法和第11番藤井寺的除障木槌相同，根據自己年齡敲打同樣遍數除障。

在寺院境內有一座大佛塔，一眼能看出，它的風格不同於更常見的多寶塔、三重塔、五重塔。這種風格的塔稱為「瑜祇塔」，比較少見。在這個位置遠眺，可以看到對面山上的日和佐城。

至此已完成德島縣／阿波國／發心道場的所有寺院，下一番在八十三點五公里外，屬於高知縣／土佐國／修行道場的範圍了。

隨求鐘

藥王寺瑜祇塔

從瑜祇塔遠眺日和佐城

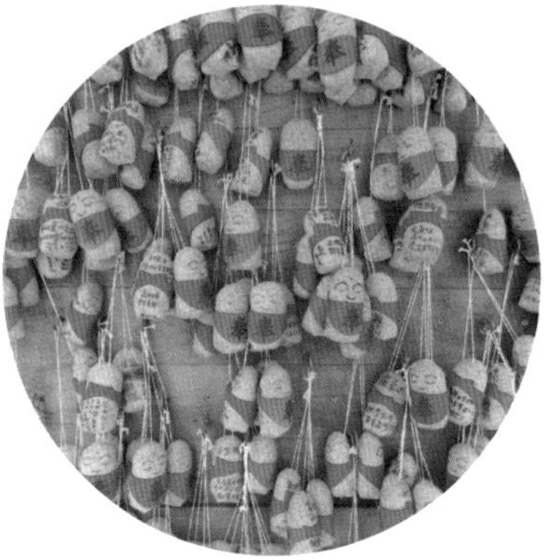

七　修行道場：高知／土佐國

高知縣的縣境內有十六座遍路寺院，即從第24番最御崎寺到第39番延光寺，稱為「修行道場」。土佐國的關所是第27番神峰寺；國分寺是第29番；境內的遍路寺院大部分分布在海岸線上，沿途能欣賞美麗的太平洋，和前面的德島寺院是截然不同的地貌、景觀和感受。可是，對徒步者來說，第37番岩本寺到第38番金剛福寺之間的八十七公里漫長距離，是一個不小的挑戰。

第24番：最御崎寺

(24) ほつみさきじ
山號：室戶山
宗派：真言宗豐山派
本尊：虛空藏菩薩
地址：〒781-7101 高知県室戶市室戶岬町4058-1
距離：下一番7公里

在快到達第24番時，首先會經過一個叫「室戶青年大師像案內所」的地點。這裡有一尊二十一公尺高的露天大師像，乃四國最大。大師的腳下踏著標示出八十八寺的四國島。

從大師像再往前走三百公尺，有一個叫「御廚人窟」的山洞。這裡雖然不算是獨立的八十八聖地之一，卻是大師信仰重要聖地。大師在西元七九四年，十九歲時來到這裡面對大海的山洞修行。就是在此處，大師經過多年修行，見星星下降進入自己嘴巴，得到開悟，從此以山洞看出去的景色——天空和大海——為自己改名「空海」。由於擔心落石，山洞並不必然開放，但可以在外面祈禱。洞外有納經處，可以在納經本上的空白頁納印。在山洞前的亂石灘有一個步行道，是欣賞風景、打卡拍照的理想地點。

再繼續前行約三公里，登上很長的台階後，才能到達第24番。沿途能欣賞和德島縣截然不同的室戶地區亞熱帶地貌。

大師開悟是西元七九四年的事。這座寺院，卻是八一五年空海大師從中國歸來後開創的。它和第26番金剛頂寺，分別被稱為本地的「東寺」和「西寺」。如果看地圖，寺院所在位置是四國島東邊的最南角（島的西邊最南角是第38番金剛福寺）。

在寺院境內有一塊大石，稱為「鐘石」，用小石卵敲擊，會發出金屬聲。傳說在人間敲此石，地獄便會響起鐘聲。這塊石頭屬於這裡的「空海七不思議」之一，至於其他六項，可以參考寺院裡的看板。

在寺院背後，停車場那邊的商店，可以看到前首相菅直人徒步經過時的題字，還有賣一種比較少見的海洋深層水霜淇淋。

空海大師開悟的山洞

第25番：津照寺

(25) しんしょうじ
山號：寶珠山
宗派：真言宗豐山派
本尊：楫取地藏
地址：〒781-7102 高知県室戸市室津 2652-イ
距離：下一番 4 公里

西元八〇七年，空海大師見室津港的此山形如地藏菩薩手持的寶珠，便刻了一尊地藏菩薩像，創辦了寺院，並因為地名和緣起而為寺院命名「寶珠山津照寺」（當地簡稱「津寺」）。

在一六〇二年，土佐的藩主山內一豐乘船突遇大風暴，眼見快要發生海難之時，船上突然出現了一位僧人掌舵，巧妙地把船從波濤中開到了安全地帶，登岸後和尚就不見了。大家到處尋找恩人要道謝，來到這寺院時，還是沒有找到，可是卻發現地藏菩薩的像濕透了。大家認為這是地藏菩薩顯靈救難，把此寺的地藏稱為「楫取地藏」（按中文表達即「掌舵地藏」），從此視為保護漁民、海上安全的海神角色。

大師堂和納經處都在山腳，本堂卻在山丘上。登上階梯到達本堂後，下面的室津港一覽無遺。

四国第二十六番

西寺

第26番：金剛頂寺

(26) こんごうちょうじ
山號：龍頭山
宗派：真言宗豐山派
本尊：藥師如來
地址：〒 781-7108 高知県室戸市元乙 523
距離：下一番 30. 5 公里

前面已經朝拜過本地稱為「東寺」的第24番，現在第26番就是對應的本地「西寺」了。寺院是空海大師在西元八〇七年受天皇所命創立的。根據傳說，在竣工時，本尊自己顯靈開門，登上佛龕。

此地在古代一直有妖怪天狗為患。空海大師來到這裡，和天狗對質辯論，天狗承認自己理虧，大師便要求，只要自己還在此地，就不許天狗前來放肆，然後雕刻了一尊自身像留在寺中。在寺境內，可以看到大師和天狗對話的銅製浮雕。

在寺院內，有幾個比較有趣的看點：大師堂前有一個大鍋和一段老樹的樹根。前者是傳說大師放入一顆米卻煮出了很多米飯救助饑荒的鍋；後者是傳說能保佑健康的神木。此外，寺院還有前面第21番、第22番、第23番都有的「厄坂」，和捕鯨八千頭的超度碑（捕鯨八千頭精靈供養塔）、漁業殉難者紀念碑、「寫經大師」像等等。

一顆米卻煮出很多米飯的鍋

第27番：神峰寺

(27) こうのみねじ
山號：竹林山
宗派：真言宗豐山派
本尊：十一面觀音
地址：〒 781-6422 高知県安芸郡安田町唐浜 2594
距離：下一番 38.5 公里

第27番是古土佐國／高知縣／修行道場系列寺院裡的關所，同時也屬於徒步者難到達的難所。寺院最初是行基上人草創的，後來西元八〇九年空海大師擴建規模。這是八十八寺裡園林最美寺院之一。境內山腳處有個稱為「神峰水」的水源，屬於高知名泉，曾經有一身患絕症的女子夢空海大師命她喝此水治病，後來果然痊癒。

從納經所前往本堂、大師堂必須登階梯，途中會經過一尊很莊嚴的不動明王像。大師堂的側面，能看到描述大師生平的現代畫像和文字說明。本堂的前方，有一個埋下了四國八十八寺所有寺院砂土的「砂踏」（在後面的第57番榮福寺，也有一座一模一樣的設施）。

有關這座寺院，有一件事最為人津津樂道。在十九世紀中葉，有個憂心忡忡的慈母，她的兒子是個愛喝酒鬧事的文青，臭名昭著，人人唾棄。媽媽為了祈禱曾坐大牢、被趕離村子的兒子有點出息，連續二十一天從自家登山前往寺院拜佛，從她的家到寺院每天得走艱辛山路，來回四十公里。在她進行這樣的苦行以後，兒子突然長進了，開始琢磨從商。後來，兒子果然出人頭地，還買下了整個森林供養此寺。他創辦的商業集團，叫「三菱企業」。

描述空海大師生平的畫像和說明

第28番：大日寺

(28) だいにちじ
山號：法界山
宗派：真言宗智山派
本尊：大日如來
地址：〒781-5222 高知県香南市野市町母代寺476
距離：下一番 9 公里

這座和第4番、第13番同名的寺院，最初由行基上人開創，並安奉自己雕刻的一點四六公尺大日如來像。西元八一五年，空海大師來到此地時，見寺院凋零，便用指甲在一棵楠樹上雕出了藥師如來的形象，並重興了寺院。

寺院的櫻花特別有名，在每年三月份前後尤其美麗。本堂仍然供奉著行基上人雕刻的本尊像，乃四國最大的一尊大日如來。從本堂走兩百公尺左右可以去到寺院的奧之院朝拜空海大師的「爪雕藥師」，據說祈禱脖子以上部位的病患痊癒特別靈驗。奧之院旁邊的水源是「大師御加持水」，入選高知縣的「四十名泉」。

距離寺院不到六公里處的龍河洞，是日本三大鐘乳洞之一，全長四公里，是知名旅遊景點。鐘乳洞世界到處都有，本不足為奇，可是這裡提供一種探險選項，不走尋常公開路線，而是穿上專業裝備，在專業人員帶領下深入黑暗祕道、山洞深處。要參加這活動，需要提前預約，約需兩千日円。

第29番：國分寺

(29) こくぶんじ
山號：摩尼山
宗派：真言宗智山派
本尊：千手觀音
地址：〒783-0053 高知県南国市国分 546
距離：下一番 7 公里

前面第15番是古代阿波國的國分寺；這第29番是同期開創的土佐國國分寺。西元八一五年，空海大師在此處修「星供祕法」*，因此稱為「土佐星供根本道場」。

高知縣有很多釀酒廠，是日本酒文化重地。據總務省的日本各縣個人年均飲酒消費調查，高知縣高居榜首，人均飲酒花費高於全國第二位的兩倍；也因此，社區有比較嚴重的酗酒問題。國分寺寺境內，有一個獨立的小佛龕，稱為「酒斷地藏」**，許多有心戒酒的人，會來到這裡發誓，也有很多妻子來這裡祈禱丈夫戒酒，據說十分靈驗。

寺院的庭園比較出名，有「土佐苔寺」之稱，裡面立有許多名人的詩詞碑。寺院附近有一家甜品店，製作一種「遍路饅頭」，相當有名。

* 中國「九星值年」信仰之日本變異版。

** 中文意思是「戒酒地藏」。

☆紀貫之

日本大歌人紀貫之（八七〇～九四六），是日本中古三十六歌仙之一。紀貫之在多個領域都為日本古典文學做出了傑出貢獻，作品中有一本於西元九三五年成書的《土佐日記》，以女性口吻記述在土佐的旅行情況和感觸。這是日本文學史上可考的第一部日記式文學作品，甚至有學者認為後來的《和泉式部日記》、《紫式部日記》很可能也是受到它的影響而產生。《土佐日記》的內容，包括了許多對第28番、第29番一帶地區的描述。

第30番：善樂寺

(30) ぜんらくじ
山號：百々山
宗派：真言宗豐山派
本尊：阿彌陀如來
地址：〒 781-8131 高知県高知市一宮しなね2丁目 23-11
距離：下一番 7.5 公里

西元八〇六至八一〇年之間，空海大師創辦了善樂寺。可是到了廢佛運動時，寺院被荒廢了。一八七六年，附近的安樂寺把善樂寺本尊安奉在自己寺院，充當第30番的代理人角色。到了一九二五年，善樂寺重興，請回了原來的本尊。可是，此後的幾十年中，兩座寺院都以第30番身分自居，雙方都有道理，形成了相持不下的局面。到了一九九四年，兩寺才終於達成協議，善樂寺得回第30番的官方地位，而承認安樂寺是第30番的奧之院。

寺院內有好幾點值得特別注意的：歷來傳說厄除大師像十分靈驗；子安地藏對順產、求子、子女平安等祈願特別靈驗；旁邊的梅樹下有一尊仰頭看花的石雕地藏像，稱為「梅見地藏」*，對譬如眼睛、嘴巴、耳朵、腦袋、頭髮等任何脖子以上的健康問題的祈願，都特別靈驗。

* 中文意思是「看梅地藏」。

這座寺院的納經所，有比較多花樣的流通品，其中包括小地藏形式的繪馬、對頭部健康有加持的梅見地藏枕巾、手工製作的小斗笠、復古款式的納札木盒、五顏六色的塗香盒等等。

在距離寺院不到七公里的地方（如果從下一番前往，也是差不多的距離），有一個弘人市場，類似街坊飲食中心的氣氛，是高知必去地點之一（除了後面會經過的道後溫泉一帶，四國的遊客不算多，可是高知港是國際遊輪停靠點，附近能看到許多順道登岸進行半天觀光的國際友人）。

梅見地藏

〔寫於遍路上的詩歌〕

看慣落花之死狂
再去看海之空茫

那是誰的
巨大又溫柔的手指
一瓣一瓣
撕下時間
直到滿地流光
像是等待御神子獻祭的河

那是誰的
澄明又無邊的眼底
一波一波

淹沒愛恨
好讓海居之神明休息
不必死守虛擲的山盟

看慣落花之死狂
再去看海之空茫
看透生死的無常
方具探究永恆之勇往

一剎那間
空有具在

一剎那間
物我相亡

扎西拉姆·多多

第31番：竹林寺

(31) ちくりんじ
山號：五台山
宗派：真言宗智山派
本尊：文殊菩薩
地址：〒 781-8125 高知県
高知市五台山 3577
距離：下一番 6 公里

在快到達第31番時，會經過一個附帶咖啡廳的展望台，是遠眺高知景色的理想地點。

寺院的緣起是在西元七二九年，當時的天皇夢到中國五台山，心裡很嚮往，就命行基上人建造一個日本版五台山，上人挑選了此地，雕刻文殊菩薩像作為本尊，創立了竹林寺，以「五台」為山號。寺院後來得到空海大師的擴建，成為各地僧人來求學的「南海第一道場」。

寺院本尊是日本三大文殊之一（指靈驗、出名的「大」，無關體積），五十年才開帳一次，要看得等到二〇六四年了。

這座寺院的景色特別美麗，是國內外遊客必到打卡點。寺境內的庭園是高知三大名園之一；三十二公尺高的佛塔是高知縣內唯一的五重塔（八十八寺裡只有四寺有五重塔，另三為第70番本山寺、第75番善通寺、第86番志度寺）。

竹林寺的甜點「竹林寺羊羹」是這裡的名物。寺門前的竹崎食堂，不是什麼名店、超級美食，不過價廉物美、地點方便，很多遍路人都會選擇在這裡簡單用餐。

高知縣內唯一的五重塔

第32番：禪師峰寺

此寺和八十八寺很多情況一樣，最初由行基上人開創，後來經過空海大師發展，才成為較有規模。大師為這裡安奉的觀音，以守護航海靈驗著稱，被稱為「船靈觀音」。

寺院的山門力士是名家定明的作品，屬於「重要文化財」。寺境內有一塊奇石，凹處的積水會隨潮漲潮退而有所增減。

在寺院七公里外的桂濱，是高知著名賞月名勝點，有一尊大的坂本龍馬銅像，和高知縣立坂本龍馬紀念館。

(32) ぜんじぶじ
山號：八葉山
宗派：真言宗豐山派
本尊：十一面觀音
地址：〒 783-0085 高知県南国市十市 3084
距離：下一番 7.5 公里

凹處積水隨潮漲潮退而增減的奇石

第33番：雪蹊寺

(33) せっけいじ
山號：高福山
宗派：臨濟宗妙心寺派
本尊：藥師如來
地址：〒781-0270 高知県
高知市長浜857-3
距離：下一番6.5公里

西元七八二至八〇六年之間由空海大師創立，一五九九年由禪宗高僧中興，自此改宗，現在是八十八寺裡八座不屬於真言宗管理的三座禪宗寺院、唯二臨濟宗寺院之一。在以前，這寺院同時也是中國的朱子學南學派的活躍地點。

在寺院入口，有一方和第14番常樂寺參道上一樣的詩人山頭火的書法石碑。寺院的本尊和眷屬，是「第20番鶴林寺」章節提過的古代著名佛像藝術大師運慶，和他的兒子湛慶大師之作品。寺院還另外供奉比較罕見的馬頭觀音（第70番本山寺以馬頭觀音為本尊，是八十八寺裡的唯一）。

第34番：種間寺

早在西元六世紀，當時天皇延請韓國傳授佛教文化，請來了幾位僧尼、雕刻師，他們協助了奈良四天王寺的建立。在任務圓滿歸國時，韓僧遇到海難滯留於此，雕刻師便刻了一尊藥師如來，以祈禱能順利歸國。兩百多年後，空海大師來到這裡，正式建寺供奉這尊佛像。大師還在此種下了從中國帶回來的五種種子，為寺院命名「種間」。

寺院的觀音亭裡，能看到很多無底勺。這裡有一個特別習俗（第35番似也有類似傳統）：孕婦帶一個木勺前來此寺交給住持，住持會把勺底敲落，然後對勺念經三日兩夜，再交還給孕婦。孕婦順產，母子平安後，會把勺再次帶回來奉納，表示答謝。

在寺院納經所，可以看到「第22番平等寺」裡提過的第一位白人遍路者、美國教授弗雷德里克・斯塔爾的題字。

產婦順產後帶回來奉納的無底勺

(34) たねまじ
山號：本尾山
宗派：真言宗豐山派
本尊：藥師如來
地址：〒781-0321 高知県高知市春野町秋山 72
距離：下一番 9.5 公里

第35番：清瀧寺

(35) きよたきじ
山號：醫王山
宗派：真言宗豐山派
本尊：藥師如來
地址：〒 781-1104 高知県土佐市高岡町丁 568-1
距離：下一番 15 公里

西元七二三年行基上人雕刻藥師如來像而開基。後來空海大師巡錫而至，修法七天後，以錫杖杵地，開出了一個水源。

寺院的天花板是蛟龍壁畫，乃約一百年前名家作品。本堂前還有一尊十五公尺高的藥師如來像，其底座是空的，可以沿一百零八級階梯，在黑暗中走一圈，是為除厄轉運。

第36番：青龍寺

(36) しょうりゅうじ
山號：獨鈷山
宗派：真言宗豐山派
本尊：波切不動明王
地址：〒781-1165 高知県
土佐市宇佐町竜 163
距離：下一番 55.5 公里

空海大師在中國學法，傳說他曾經從中國用神通拋出兩根金剛杵，三鈷杵落在了高野山，獨鈷杵落在此處（這是寺院山號「獨鈷山」的緣起）。大師在找到掛在樹上的杵後，決定這裡就是有緣地，以中國西安母寺起名，建立了青龍寺。

本堂在一百七十級的階梯上。寺院本尊是波切不動明王，是「鎮海不動明王」的意思。因此，這裡是漁民祈禱的寺院。在本堂掛著的很多繪馬、奉納的匾額，都是和船、大海相關的圖案。在本堂前面，有三十三尊觀音石像，代替西國三十三觀音。

在返回時，不要從原路走，如果面對本堂，左邊有另一條小路，從那邊走下山，會經過一個墳墓，這是真言宗第七祖，中國西安惠果大師分骨墓。西安青龍寺在唐朝已經無存，中國的惠果祖師墓也在歲月中消失了，這裡的分骨墓是祖師唯一僅存的墓所＊。惠果大師墓鮮有人至，既然來到，為中國佛教的祖師掃一次墓，也許是很恰當的事。到了山腳，在納經所背後，還有一座惠果大師堂，也是可以對惠果大師祈禱、上香的地方。

從事航海相關職業或者常常出海的讀者，可以考慮在納經所請購一尊波切不動明王。這種化相的不動明王和平時常看的不同，其身體是由梵文咒字組成的。

這種化相的不動明王，
其身體是由梵文咒字組成的。

＊ 在上世紀末在考證出的地基上重建的西安青龍寺，並無任何傳承古物，所謂的惠果墓只是紀念性質，並無遺骨在內。

第37番：岩本寺

(37) いわもとじ
山號：藤井山
宗派：真言宗智山派
本尊：五位本尊同供
地址：〒 786-0004 高知県高岡郡四万十町茂串町 3-13
距離：下一番 86.5 公里

西元七二六至七四六年間由行基上人受天皇命開基。後來，空海大師在大概同一地建立了五座宮：一之宮供奉不動明王、二之宮供奉觀音、中之宮供奉阿彌陀如來、四之宮供奉藥師如來、森之宮供奉地藏菩薩。再後來，歷經戰亂、廢佛運動等等變遷，重興寺院時只好把五尊都供奉在一起，本來五尊並不成套的佛菩薩，變成了集體本尊身分。這種情況的組合，是八十八寺裡唯一案例。在其他寺院，譬如第17番井戶寺本尊藥師七佛，雖然也是多於一尊，可是七佛是一個源自《藥師琉璃光七佛本願功德經》的特定組套，不同於此番不成套的多尊之組合。

本堂的天花板是看點。在一九七八年，寺院徵集畫家參與，全國四百多人寄來作品，最後有五百七十五幅被用作天花板上的格子畫（格天井畫）。這些畫來自不同畫家，風格、顏料、主題各異，有水彩畫、水墨畫、日本傳統繪畫、西洋畫等等，其中有一格是瑪麗蓮夢露。

在大師堂前方，有一座圓形建築，裡面供奉著比較少見的歡喜天（第50番繁多寺、第85番八栗寺也有），可以進行「商務繁榮」等等祈願。

在日本，很流行「七不思議」的組合，譬如「第24番最御崎寺」介紹過該寺的「七不思議」。在岩本寺，也有自己的版本，都和當地傳說相關，其中一項是「三度栗」，傳說是：有一個小孩對空海大師哭訴沒吃著栗子，空海大師使用神通，從此當地的栗子一年結果三次。在寺院門前不遠的松鶴堂甜點店，在秋天有售賣三度栗和菓子。

第37番和下一番金剛福寺之間的距離是八十六點五公里，乃八十八寺中間距最長的一段。

格子畫其中一格是瑪麗蓮夢露

第38番：金剛福寺

(38) こんごうふくじ
山號：蹉跎山
宗派：真言宗豐山派
本尊：三面千手觀音
地址：〒 787-0315 高知県土佐清水市足摺岬 214-1
距離：下一番 56 公里

第38番位於在古代被視為最靠近觀音菩薩的普陀淨土的地方、四國島最南角的足摺岬，風景絕美。鄧麗君有一首日語歌就叫《足摺岬》（中文翻唱版為《我了解你》）。

空海大師於西元八二二年在這裡開基，從此得歷代天皇、武將源家、古代才女和泉式部等崇敬和供養，遂發展成為土佐國最大規模的寺院。

由於被視為最靠近觀音淨土的地點，寺門前石碑和匾額都寫著「補陀洛東門」。「補陀洛」即「普陀」的同名異譯，來自梵文的「Potaloka」，即觀音的淨土。寺境內有多寶塔、本堂後方的多尊露天銅佛像（工藝特別精美），中央是一個美麗的池塘，可說是八十八寺最美寺院前幾位。

到訪這個寺院需要多預留一點時間，在寺院對面有一個散步道，可以參觀這裡的「七不可思議」、燈塔、廣闊的太平洋海景。在散步道的入口位置有一尊中濱萬次郎的銅像。

☆中濱萬次郎

中濱萬次郎（一八二七～一八九八）是第一位去美國的日本人，與坂本龍馬、岩崎彌太郎合稱「高知三大名人」。

萬次郎是貧窮漁夫之子，一八四一年，十五歲時任漁夫的幫手，出海遭遇暴風雨，漂流多天後漂到太平洋上的無人島，在島上生活了半年，之後遇到美國捕鯨船被救，成為船長的養子，學習英語、數學、測量、航海術、造船技術等。他在一八五一年回到日本，因對英語與造船術的知識受到重視，應聘成為洋學堂的講師，也協助設計了蒸汽船。後因黑船來航事件影響，萬次郎受幕府徵召，受命開設軍艦傳習所。

萬次郎的子孫和船長的子孫，至今仍然世世代代持續來往。

金剛福寺前散步道可以參觀足摺岬的太平洋海景

第39番：延光寺

(39) えんこうじ
山號：赤龜山
宗派：真言宗智山派
本尊：藥師如來
地址：〒788-0782 高知県宿毛市平田町中山390
距離：下一番30公里

西元七二四年行基上人開基，刻藥師如來像作為本尊。七九五年空海大師中興，並補上了藥師如來的眷屬日光、月光二菩薩像。在九一一年發生了一件怪事，一隻赤龜從海中背負銅鐘上岸爬來，被認為是龍宮獻寶，從此寺院山號改為「赤龜山」。此鐘高約四十公分、直徑二十三公分、重七點五公斤，現在尚存，是國家指定「重要文化財」。

在寺院內一角落，有一個「洗目井」，傳說是空海大師為濟當地居民缺水之苦以錫杖擊地開出，對眼睛、眼疾康復很有療效。

第20番鶴林寺、第21番太龍寺、第39番延光寺分別與鶴、龍、龜三靈獸相關，各有特殊印章，納經時可付費要求額外蓋章。

八　菩提道場：愛媛／伊予國

愛媛縣縣境內有二十六座遍路寺院，即從第40番觀自在寺到第65番三角寺，合稱「菩提道場」。伊予國的國分寺是第59番；關所在第60番横峰寺（其他說法為第48番西林寺、第65番三角寺）。另外，由於第40番是距離第1番靈山寺最遠的寺院，所以稱為「裡關所」；第44番大寶寺是八十八寺數目的一半，所以有「中札所」之稱。

在八十八所中，第46番淨瑠璃寺至第53番圓明寺共八寺位於愛媛的松山市轄區。松山市是四國地方人口最多的城市，也是道後溫泉所在地，同時也以豐厚的文學底蘊著稱。

道場

「道場」的梵文是「Bodhi-mandala」，音譯菩提曼陀羅，又意譯作：菩提道場，菩提場。本義指中印度菩提迦耶的金剛座上佛陀成道之處。而金剛座邊上的那一棵畢鉢羅樹，也因此被稱為道場樹：菩提樹。

道場的引申意義為：修行佛道之區域，無論是否有著寺院，凡修行佛道之所在，均稱為道場。正如《法華經卷六・如來神力品》所載：「所在國土，若有受持、讀誦、解說、書寫、如說修行，若經卷所住之處，若於園中，若於林中，若於樹下，若於僧坊，若白衣舍，若在殿堂，若山谷曠野，是中皆應起塔供養，所以者何？當知是處即是道場。」

除物理場所之外，「道場」更有一層更為細微的含義，是指成就菩提動機之發心、修行等。如《維摩經卷上・菩薩品》中維摩詰居士所告訴光嚴童子的：「直心是道場，無虛假故；發行是道場，能辦事故；深心是道場，增益功德故；菩提心是道場，無錯謬故；布施是道場，不望報故；持戒是道場，得願具故；忍辱是道場，於諸眾生心無礙故；精進是道場，不懈退故；禪定是道場，心調柔故；智慧是道場，現見諸法故；慈是道場，等眾生故；悲是道場，忍疲苦故；喜是道場，悅樂法故；捨是道場，憎愛斷故；神通是道場，成就六通故；解脫是道場，能背捨故；方便是道場，教化眾生故；四攝是道場，攝眾生故；多聞是道場，如聞行故；伏心是道場，正觀諸法故；三十七品是道場，捨有為法故；諦是道場，不誑世間故；緣起是道場，無明乃至老死皆無盡故；諸煩惱是道場，知如實故；眾生是道場，知無我故；一切法是道場，知諸法空故；降魔是道場，不傾動故；三界是道場，無所趣故；師子吼是道場，無所畏故；力、無畏、不共法是道場，無諸過故；三明是道場，無餘礙故；一念知一切法是道場，成就一切智故。如是，善男子！菩薩若應諸波羅蜜教化眾生，諸有所作，舉足下足，當知皆從道場來，住於佛法矣！」

第40番：觀自在寺

(40) かんじざいじ
山號：平城山
宗派：真言宗大覺寺派
本尊：藥師如來
地址：〒 798-4110 愛媛県宇和郡愛南町御荘平城 2253-1
距離：下一番 48 公里

西元八〇七年空海大師開基，並用一塊靈木雕出三尊佛像，其中藥師如來被列為官方的本尊。

這座寺院是離第一番靈山寺距離最遠的寺院，兩寺分別在四國島的兩端，所以觀自在寺也被稱為「裡關所」。

寺院收藏有空海大師為了治療天皇的心臟病而刻製的寶印，印文是佛號，在寺院大殿可以請到這寶印的拓本，傳說對求事靈驗，尤其對心臟病患者很有幫助。

大師堂的周圍，埋下了八十八寺的「砂踏」，供無法進行完整遍路的人作代替性的朝聖。

這一番到下一番之間，有一個宇和島古城，有興趣者可以順道參觀。

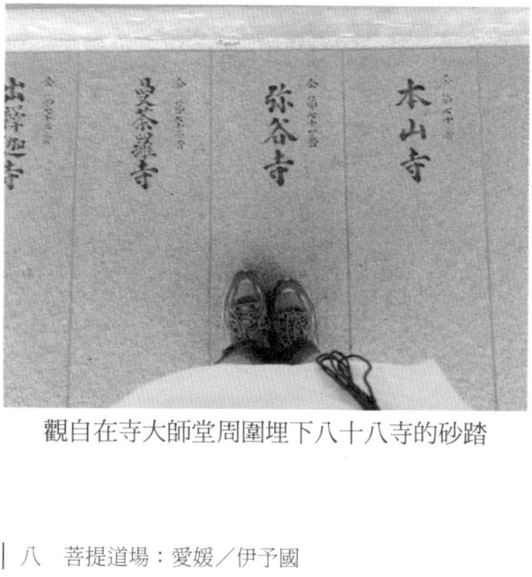

觀自在寺大師堂周圍埋下八十八寺的砂踏

〔寫於遍路上的詩歌〕

無常
是以為不會再愛的心
又有了勇敢
是拚盡全力後的
那麼一點遺憾

無常
是冗長人生裡的
突發靈感
是長鞭直入時的
一處拐彎

無常
是水裡的火
火裡的霜
是笑過後的淚
是傷癒後的成長
一切苦諦之中
我獨愛無常

扎西拉姆・多多

第41番：龍光寺

(41) りゅうこうじ
山號：稲荷山
宗派：真言宗御室派
本尊：十一面觀音
地址：〒798-1115 愛媛県宇和島市三間町戸雁173
距離：下一番 3 公里

西元八〇七年，空海大師來到這裡，遇到一個背著稻草的老人。老人自稱是守護佛法和當地的神明，說完就不見了蹤影。大師知道這是稻荷神的化身，便在此地建立寺院和稻荷神社。

在本堂裡有一盒子，傳說裝著一對龍眼。這個的典故是，以前有一個人遇到惡龍，他的劍自己脫鞘飛出，龍被挖眼而死，龍眼後來被供奉在此寺超度。

寺院境內的鳥居，反映了寺院和神道信仰的淵源。在寺境內的一角，還有一個聚集日本百觀音＊寺院泥土的「砂踏」。

龍光寺附屬的稻荷神社

＊「百觀音」是西國三十三觀音、坂東三十三觀音、秩父三十四觀音三個巡拜系列的合稱。這種巡拜一百觀音的傳統，在一五二五年已有清晰的文字記錄。

第42番：佛木寺

(42) ぶつもくじ
山號：一カ山（一琛山）
宗派：真言宗御室派
本尊：大日如來
地址：〒 798-1102 愛媛県宇和島市三間町則 1683
距離：下一番 11 公里

前面說過，空海大師在中國求法時，據說曾經面向日本，以神通拋出兩根金剛杵，後來他在高野山找到了三鈷杵，建立高野山道場，又在四國找回獨鈷杵，以中國西安母寺起名，建立了第36番青龍寺。西元八〇七年，大師來到愛媛的這個地方，坐牛車而行，看到從中國隔空拋出的寶珠掛在一棵楠樹上，便以楠木雕刻大日如來佛像，把寶珠鑲嵌在佛像的眉心，以此為本尊建寺。

寺境內有聖德太子殿、保佑家畜的小佛龕。在納經所，可以買到專門保佑寵物的護身符。

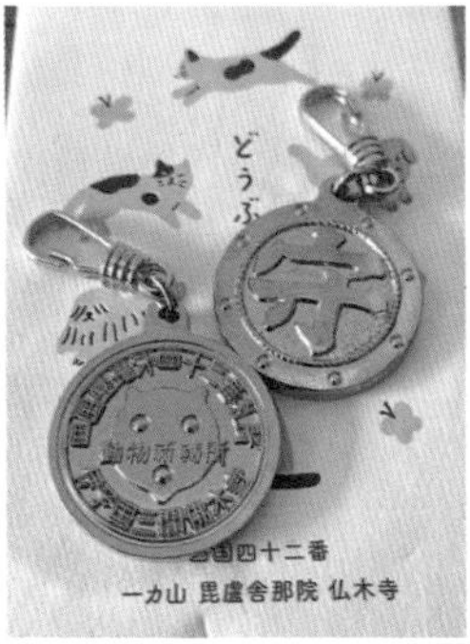

寵物專用御守

第43番：明石寺

(43) めいせきじ
山號：源光山
宗派：天台寺門宗
本尊：千手觀音
地址：〒 797-0007 愛媛県西予市宇和町明石 201
距離：下一番 70 公里

明石寺是八十八寺裡的八座非真言宗、四座天台宗寺院之一。

在很久以前，相傳這裡發生過一起顯靈事件，有人看到一位少女整晚在搬動大石上山，似乎準備興建什麼，有人為了作弄她，就模仿雞啼聲，少女以為是天亮了，突然就消失了蹤影；很多人認為這是觀音的化身。

因為這個典故，在西元六世紀，高僧正澄在此建寺供奉中國請來的觀音菩薩像，並以以上的女人搬石而天明消失的典故為寺院命名「明石寺」。可是，在八二二年空海大師到此地時，寺院已經衰落，大師便把它重興起來。

寺院本堂的天花板和前面第19番立江寺、第22番平等寺、第37番岩本寺風格一樣，是一格一格的格子圖畫（格天井畫）。寺境內還有比較出名的並長老樹，稱為「夫婦杉」。

在距離寺院一點三公里的地方，有一座愛媛縣歷史文化博物館，如果時間充裕可考慮參觀。

從明石寺到下一番大寶寺，中間必須經過保存了歷史風貌的老鋪、宛如穿越到古代的內子町。

此外，別格第8番永德寺距離明石寺約二十五公里，大概算是明石寺和下一番之間的必經之路（有些路線會從旁邊繞過）。這是空海大師橋底露宿典故的發生地點，哪怕並不準備巡拜別格寺院，也值得特別單獨參拜。

夫婦杉

第44番：大寶寺

(44) だいほうじ
山號：菅生山
宗派：真言宗豐山派
本尊：十一面觀音
地址：〒791-1205 愛媛県
上浮穴郡久万高原町
菅生 2-1173-2
距離：下一番 9 公里

大寶寺是第44番，剛好是八十八的一半，所以被稱為「中札所」。此外，由於從第43番走來的距離比較遠，也有人把它視為難所之一。

有關寺院的最初情況有不同說法，不是很明確。其中一種說法是，最初是韓國僧人帶來一尊觀音像，在山中供奉，後來逐漸被人遺忘，若干年後有兩兄弟獵人發現了聖像，結庵供奉，是為寺院的前身。到了空海大師年代，大師正式建寺，才有了比較成型的規模。然而，由於上述典故，寺院官方歷史仍尊兩兄弟獵人為開基者。

按照本地傳統，山門上的大草鞋，是一百年才換一次的。靠近山門的老樹有上千年歷史。此外，這座寺院和其他寺院不同，它有兩座鐘樓，其中一個鐘是「和平鐘」*，紀念二戰中所有失去生命的人。

在朝拜本堂時，可以特別留意一下這裡的百度石（見「遍路豆知識」相關詞條）。這

* 按照日本語法，是「平和之鐘」。

座百度石就立在本堂前，基本沒有任何距離，應屬其中一個最取巧的案例。本堂內還有一台「箱車」，是古代身障者遇到神跡痊癒了後作為見證奉納的。

大寶寺的百度石就立在本堂前

四國第四十五番

岩屋寺

第45番：岩屋寺

(45) いわやじ
山號：海岸山
宗派：真言宗豐山派
本尊：不動明王
地址：〒 791-1511 愛媛県上浮穴郡久万高原町七鳥 1468
距離：下一番 17.5 公里

岩屋寺位於山上，不靠海，其山號「海岸山」，是因為早上山上的雲海景觀很美。寺址位於六百三十公尺山上，哪怕從停車場才開始走路，起碼也需要二十分鐘，不過沿途有些小商店，售賣的東西和別處有點不同，還有幾千尊地藏菩薩像，邊走邊看也不算很痛苦。由於必須登山，這裡也被一些人視為難所之一。

這裡本來是一位法力高強的隱士法華仙人的修行處。西元八一五年，空海大師聞鈴聲而登山尋來，法華仙人誠心拜師，把此山供養給大師後便圓寂了。大師雕刻了兩尊不動明王，木像供奉於本堂內，石像卻封入了山壁裡。所以，雖然寺院也還是按傳統建有一座本堂，可是，整個山體被視為本尊（「山全體本尊」）。

本堂和大師堂，都是靠著岩壁而建的。寺境內還有大師的打坐山洞、法華仙人修行處等等。在寺院納經所，有售賣不動明王三十六童子護身腰帶、四方守護結界的紙札、空海大師掌印等其他寺中不常見的宗教物品。

參道上的幾千尊地藏菩薩像

第46番：淨瑠璃寺

(46) じょうるりじ
山號：醫王山
宗派：真言宗豐山派
本尊：藥師如來
地址：〒791-1133 愛媛県
松山市浄瑠璃町282
距離：下一番1公里

第46番淨瑠璃寺至第53番圓明寺八座寺院，屬文學底蘊著稱的松山市轄區。淨瑠璃寺參道入口就已經能看到著名文學家正岡子規的句碑。寺院由行基上人於西元七〇八年開基，比奈良大佛還要早。後來幾近荒廢，由空海大師在八一二年再興。

這座寺院有很多特別有趣的地方。在本堂、大師堂，各有一尊小孩形象的空海大師，供參拜者抱起結緣；寺境內的千年古樹下的大師像保佑長壽、豐收；此外還有保佑交通安全的佛足石、加持寫作能力的佛指紋石、加持手巧的佛手印石，和鑲嵌了印度靈鷲山石頭的「說法石」。

在寺院納經所，有佛足印、佛手印、佛指紋的護身物，後二者是別的寺院少見的。

從這裡到下一番距離只有一公里的平路，哪怕不是全程徒步，也可以考慮在這段體驗一下。

保佑交通安全的佛足石

加持手巧的佛手印石

加持寫作能力
的佛指紋石

鑲嵌了印度靈鷲山石頭的「說法石」

第47番：八坂寺

(47) やさかじ
山號：熊野山
宗派：真言宗醍醐派
本尊：阿彌陀如來
地址：〒 791-1133 愛媛県松山市浄瑠璃町八坂773
距離：下一番 4.5 公里

寺院最初由役行者開創，後凋零荒廢，西元七〇一年再興，後來又凋零了，到了八一五年空海大師再次重興，從此成為佛教寺院、修驗道重地。

進入寺院需要經過一條橋山門，橋頂上天花板的淨土來迎菩薩彩畫特別好看。

本堂供奉的本尊阿彌陀如來，是名僧源信（世稱惠心僧都）的作品，每半世紀才開帳一次。本堂的地庫供奉了一萬尊阿彌陀佛。在本堂和大師堂中間，設有「地獄之途」和「極樂之途」，參拜者可以穿行體驗。

寺院的納經所，售賣一種稱為「極樂往生通行手形」的木牌，相當於中國民間信仰裡的「路引」，用作陪葬，據說對亡者有所利益。

遍路開祖衛門三郎的生地，即別格靈場第9番文殊院，就在八坂寺一公里外。由於其特殊歷史典故，哪怕不準備進行別格巡拜，也值得考慮順道朝拜文殊院。

第48番：西林寺

(48) さいりんじ
山號：清瀧山
宗派：真言宗豐山派
本尊：十一面觀音
地址：〒 791-1111 愛媛県松山市高井町 1007
距離：下一番 3 公里

西元七四一年行基上人開基，八〇七年空海大師移建，立十一面觀音為本尊。

由於寺院地面比山門外的小川水位低，這有一個有趣說法，壞人進門就相當於墮入無間地獄。因為這個典故，西林寺也被一些人視為關所*。

此寺的本尊屬於「祕佛」，供奉在本堂的背面，背對本堂門口。因此，在本堂的背後另有一扇鎖上的門，許多參拜者在參拜本堂後，會刻意繞到建築物背後，面對本尊的正面再次祈禱。

大師堂的旁邊，有一座閻魔堂，供奉閻魔大王，即中國民間信仰裡的閻羅王。在閻魔堂旁邊有一些竹子，是比較出名的「孝行竹」，也稱「母子竹」，據說保佑家庭圓滿。

* 通常說法中，愛媛的關所在第60番橫峰寺，可是歷史上也有起碼兩種別的說法，分別認為本番西林寺、第65番三角寺才是伊予國關所。

在納經所旁邊，還有一個小池塘，池塘中央是一尊「一願地藏」，手拿木槌，和常見造型很不一樣。

離開寺院時，如果時間充裕，可以考慮順道去三百公尺外的杖之淵公園參觀。公園裡的水源，傳說是空海大師以錫杖開出（這是西林寺山號「清瀧山」的緣起），水質優良，在一九八五年入選國家認定的「全國名水百選」名單。

手拿木槌的「一願地藏」

西林寺的本尊屬於「祕佛」，背對本堂門口，本堂背後有一扇鎖上的門。

第49番：淨土寺

(49) じょうどじ
山號：西林山
宗派：真言宗豐山派
本尊：釋迦如來
地址：〒790-0925 愛媛県
松山市鷹子町1198
距離：下一番1.5公里

在西元七四九至七五七年之間，一位惠明上人創辦了寺院，供奉行基上人雕刻的釋迦如來佛像為本尊。空海大師到此處時，寺院已經荒廢，大師就把它復興起來。

在九五七至九六〇年，著名的空也上人在此修行三年。空也上人是醍醐天皇的皇子，年輕出家。在當時日本，天皇家族、貴族出家者其實並不算太罕見。難得的是，皇族血統出家者通常在寺院中隱居，而空也上人貴為皇族子弟，卻到處遊歷，與販夫走卒打交道。在九五一年，京都發生流行疫症，上人便曾拉著車，載著他自己雕刻的佛像和草藥茶，到市集裡到處派發藥茶，並勸人念佛，所以被尊稱為「市聖」。上人在離開寺院前，親手雕刻了一尊口吐代表六字佛號「南無阿彌陀佛」的六尊小佛的自身像，造型十分獨特。這尊人像，和寺院的本堂，現在都屬於國家認定的重要文物。

第50番：繁多寺

(50) はんたじ
山號：東山
宗派：真言宗豐山派
本尊：藥師如來
地址：〒 790-0912 愛媛県松山市畑寺町 32
距離：下一番 2.5 公里

寺院最初由行基上人刻九十公分的藥師如來坐像而開基，當時寺名是「光明寺」；後經空海大師擴建、復興，更名為「繁多寺」。伊予國出生、日本佛教時宗的開祖，知名的一遍上人，曾在此學習、修行多年。

入寺敲鐘時，記得注意欣賞天花板上的二十四格精美圖畫，其內容是中國的「二十四孝」主題（二十四孝天井繪）。

本堂掛有一塊牌匾，寫著「慧光」，乃中國名僧雪堂法師所題，題字日期是一八六五年。雪堂法師是四川新繁人、成都府龍藏寺高僧。在他的推動下，龍藏寺成為了當時川西地區的人文高地，各界名士皆以結交他為榮。在成都昭覺寺、大慈寺、新都寶光寺和新津觀音寺，依然可以見到大師墨蹟。

在本堂、納經所之間，有一座歡喜天堂，裡面安奉的是戰國德川家族的歡喜天像。歡喜天的原型是印度的象神，被視為靈驗的財神，在前面的第37番岩本寺、此番，和後面第85番八栗寺都有供奉他。

喜歡拍照的讀者還可以注意，由於寺院得到歷代天皇的信奉，在古代曾經御准使用天皇的菊花紋家徽，延續至今，在一些瓦當上可以看到。

天皇徽號菊花瓦當

〔寫於遍路上的詩歌〕

善女子呵
你在看什麼？
看一山一水時
可曾見山是一？
水是一？

山是那
一樹樹花開
與晨霧
及落霞
之和合
何以歸一？

而水中含著
那草露
此鶯影
彼落花
又何以為一？
更是啊
因著了
搖曳裙擺
拾階而上的美人
因著了她在看
才承許
看之客塵
此中間
何處覓一？
層層疊疊的輪迴
一世又一世的
因果
不正是
僅此一念之錯
而已？

扎西拉姆·多多

第51番：石手寺

(51) いしてじ
山號：熊野山
宗派：真言宗豐山派
本尊：藥師如來
地址：〒790-0852 愛媛県松山市石手二丁目9番21号
距離：下一番10.5公里

西元七二八年，行基上人在這裡安奉一尊藥師如來像，為寺院起名「安養寺」而開基。八一三年空海大師重興寺院，把寺院從原來的法相宗改為真言宗。到了八九二年，附近的河野家生了一個小男孩兒，從出生開始就握拳，無法打開。家人把小孩送到此寺祈禱後，小孩打開了手，原來本來拳頭握著一塊小石卵，上面寫著「三郎再來」。這塊石卵，本來是空海大師在第12番燒山寺附近送給彌留的衛門三郎的（見〈四國遍路概說〉、〈第12番：燒山寺〉）。由於這個神奇典故，寺院從此改名為「石手寺」。

到達寺院，首先會看到山門前的一條石橋，這是空海大師曾經走過的老橋。山門前有一尊衛門三郎跪拜懺悔像。山門的本身是一三一八年河野家族贊助建造的，現在是國家指定的「國寶」，其二點五公尺力士是十三世紀作品。

進入了山門，是一系列的商店，其中有一家老鋪售賣一種烤米餅（やきもち），是自古以來遍路者到此必吃的名物。

寺院的範圍比較大，有趣的看點比較多：一二五一年鑄造的大鐘乃愛媛縣最古；本堂旁的都卒天洞裡面有八十八寺本尊代替像；一三一八年建造的三重塔周邊有八十八寺的「砂撫」（和「遍路豆知識」介紹的「砂踏」概念類似，但改腳踏為用手觸摸）；大師堂內外有空海大師的掌印複製，供參拜者隔著千年和大師合掌結緣；大師堂前有一個位置，稱為「西安大師遙拜處」，站在這個位置回身看，能看到後山山頂上的一尊面向中國西安的空海大師像；面對大師堂時，右邊還有一個鬼子母神龕，據說能保佑懷孕、順產。前面提過的「三郎再來」石卵，可以在投幣進入的寶物館裡看到。

寺院現任住持喜歡以書法和人結緣，通常能看到寺院各處放著他的墨寶，如果喜歡，自己放下志納金就可以取走（有時

☆道後溫泉景區

前面已經介紹過，第46番淨瑠璃寺至第53番圓明寺共八寺，都位於愛媛的松山市轄區。松山市是四國地方人口最多的城市，也是道後溫泉所在地，同時也以豐厚的文學底蘊著稱。

道後溫泉是「日本三大古湯」之一、日本最古老溫泉，其建築是「國寶」、國際知名動畫《千と千尋の神隠し（神隱少女）》裡的湯屋之原型，付很便宜的費用就能入浴。

在日本最古老的西元七世紀詩集《萬葉集》中，已經有提到道後溫泉。因此，這裡一帶一直被視為「溫泉郡」。近年來，由於知名學者作家夏目漱石的小說《少爺》，使得此地成為愛媛縣知名的觀光景點，從台灣、上海都有直航抵達，在商店街穿著溫泉旅館提供的浴衣逛街不被視為失禮，市內甚至有十多處泡腳池供免費享用。

是要求做一隻祈禱世界和平的紙鶴交換）。此外，由於和衛門三郎典故的淵源，這裡還可以買到一種稱為「元氣石」的小石卵，據說可以轉運。

宮崎駿動畫《神隱少女》裡的湯屋之原型、日本最古老的建築，即今道後溫泉。

第52番：太山寺

(52) たいさんじ
山號：瀧雲山
宗派：真言宗智山派
本尊：十一面觀音
地址：〒 799-2662 愛媛県
松山市太山寺町 1730
距離：下一番 2 公里

傳說在西元五八七年，一位富人真野長者乘船前往大阪途中，經過此地時遇到海難，在向觀音菩薩祈禱後得到顯靈救助。在安全登岸後，富人在山上發現一尊觀音像，便發願建堂供奉。他回到了自己的地方，購置了木材，聘請了許多木匠，然後回到此處，在一夜之間把本堂組裝起來。這個「一夜建成」的本堂，現在是愛媛縣最古老建築，被指定為「國寶」。寺院後來還有「第17番井戶寺」裡提到過的聖德太子來朝拜，並在不同年代得到過行基上人、空海大師的擴建。

除了本堂和大師堂，寺院內還有紀念開基人的長者堂，和可以祈禱學業進

大師堂旁的「龜石」是
古代人比試力氣的石頭

步、考試順利、腦袋聰明的聖德太子堂（如有需要，可在納經所辦理特別祈願）。在大師堂旁邊有一塊「龜石」，是古代人比試力氣的石頭。

在寺院的山腳有一個供奉藥師如來的路邊小佛龕，傳說對治療眼疾特別靈驗。在佛龕前，可能會看到一張張寫滿「目」字的紙張。這是一種傳統的祈禱方式：一邊念經，一邊寫上自己有病患的部位，譬如「心臟」、「眼」……等，再根據自己的年齡，重複抄寫同等遍數，然後送到寺院放在佛像前祈禱。在第77番道隆寺，也會看到同類的祈禱紙。

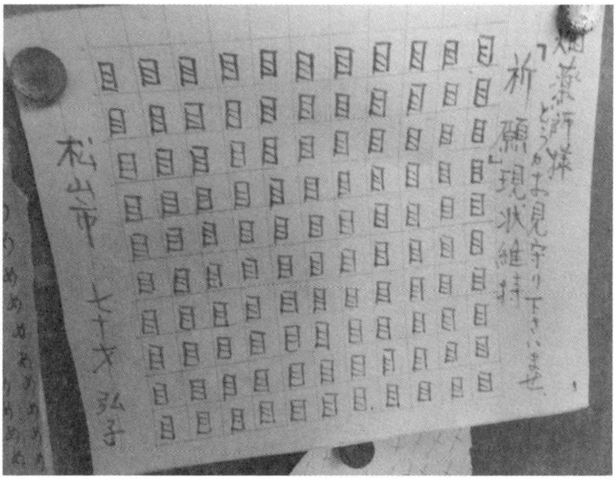

寫滿「目」字的紙張表示為了祈禱眼疾治癒

第53番：圓明寺

(53) えんみょうじ
山號：須賀山
宗派：真言宗智山派
本尊：阿彌陀如來
地址：〒799-2656 愛媛県松山市和気町 1-182
距離：下一番 34.5 公里

和前面很多寺院情況一樣，圓明寺也是行基上人開創、空海大師重興的。這座寺院收藏了一件一六五〇年的銅納札，是很珍貴的遍路文物、現存最古老的銅板納札。

本堂的四公尺龍雕刻乃古代名師左甚五郎的作品；本堂和大師堂的天花板都是格子畫的形式；大師堂的殿頂瓦飾特別精緻，值得細看。

在大師堂旁邊的草叢裡，有一座有趣的石造物。表面看，這就是日本常見的石燈籠而已，可是如果細看，會發現這是一個很隱晦的十字架，這是日本歷史上禁止基督教年代的見證。在豐臣秀吉年代開始的約四百年間，出現天主教和當權者的矛盾，政府下令禁止外國宗教。一些已經入教的日本人，遭遇各種逼害，被逼放棄信仰甚至處死，只能以隱祕的形式保持信仰，被稱為「隱祕基督徒」。這個族群和特殊年代，產生出一些特殊物品，譬如表面看來像普通佛教石飾的隱晦十字架、喬裝為佛教觀音形象的天主教聖母像（後世稱為「瑪麗亞觀音」）等等。圓明寺的這個十字架石燈籠，是一六二四至一六四四年之間的作品，被安放在佛教寺院裡，隱密天主教徒會偷偷前來禮拜，寺方對這些堅持自己信仰的人，採取默許的包容態度，石碑因此留存了下來。

本堂和大師堂天花板的格子畫

鎮壓基督教年代的隱晦十字架石雕

第54番：延命寺

(54) えんめいじ
山號：近見山
宗派：真言宗豐山派
本尊：不動明王
地址：〒794-0081 愛媛県今治市阿方甲636
距離：下一番 3.6 公里

寺院由行基上人開創、空海大師重興。寺院本名和上一番一樣，都叫「圓明寺」。幾百年前日本出現了現代郵便制度，為避免郵件發送錯誤，第54番便更名為「延命寺」。

在寺院的門外，可以看到幾座十七世紀古路碑，這是真念法師所豎立的。真念法師一生曾二十多次遍路，並發願建立路碑利益後來人。法師在五十多年間，為遍路朝聖做出了很多貢獻，包括遍路路碑、距離表、朝聖攻略、寺院介紹，乃至某些善根宿的設立。一六九一年這位前輩在朝聖路上圓寂後，被尊稱為「遍路之父」、「四國遍路中興之祖」。

此外，寺院的大鐘，也特別有歷史價值，而且傳說曾經出現一些靈異神奇的事件。

十七世紀古路碑（朝聖路標）

第55番：南光坊

(55) なんこうぼう
山號：別宮山
宗派：真言宗御室派
本尊：大通智勝如來
地址：〒 794-0026 愛媛県
今治市別宮町 3 丁目
1 番地
距離：下一番 3.1 公里

這座寺院的歷史、變遷特別複雜：最初是大概一三〇〇年前始創的，可是中間涉及神道、佛教之間的混合、分拆，和戰亂、空襲等等；現在所看到的幾座寺院建築裡，只有大師堂算是稍微有歷史，其他都是重建的。

此寺有兩點比較值得一提：第一，這是八十八寺裡唯一稱為「坊」的寺院。第二，寺院的本尊是八十八寺裡唯一供奉大通智勝如來的（見「遍路豆知識」相關詞條）。在寺院納經所，有流通一種別處不見的御守，這是根據經典要求，以芥子經過密法加持而成為佛舍利的代替物。

從寺院走四百公尺就是售賣「燒豚玉子飯」的中華料理店重松飯店。它的這個蓋飯在日本全國知名，有興趣的不妨一嘗（其實就是一種和香港市井茶餐廳的叉燒煎蛋飯差不多的蓋飯而已）。如果對古建築有興趣，也可以順道去距離寺院二點二公里左右的今治城參觀。

四國八十八寺中
唯一稱為「坊」的寺院

第56番：泰山寺

(56) たいさんじ
山號：金輪山
宗派：真言宗醍醐派
本尊：地藏菩薩
地址：〒794-0064 愛媛県
今治市小泉 1-9-18
距離：下一番 3 公里

西元八一五年，空海大師來到這裡，知道了附近河流經常氾濫、奪取人命，便在這裡修法超度亡靈，同時指導居民建築防水工程，並安奉地藏菩薩，為寺院開基。

為了鞏固工程，大師曾經安排種下許多樹木，其中一棵後來長得很健壯，一直活到一九八二年才自然老枯。在寺境內，現在能看到這棵「不忘松」的原位種下了它的第二代。

在寺院四公里外，有一家信州久保田手打蕎麥麵店（信州そば久保田），出售一種特大碗蕎麥麵，比較有趣，有興趣者可以一試。

「不忘松」第二代

第57番：榮福寺

(57) えいふくじ
山號：府頭山
宗派：高野山真言宗
本尊：阿彌陀如來
地址：〒794-0114 愛媛県今治市玉川町八幡甲200
距離：下一番 2.5 公里

西元八一〇至八二四年間，空海大師到此地時，得知附近曾經發生多次海難，便在山頂修護摩法多天。在修法圓滿那天，大師見到阿彌陀如來從大海中現身，便以阿彌陀如來為本尊，建立了這座寺院。不過，由於後來的廢佛運動，寺院曾經經過遷移，現在寺址並非大師當年創寺的原處。

在本堂迴廊能看到一輛箱車，即古代的木製輪椅。據說，這是一九三三年的時候，有一名殘疾少年來到此處，便神奇地復原了，因此奉納這部輪椅作為道謝、見證。

在寺境一角落，有一尊大師像，其前埋下了和第27番神峰寺一樣的、四國八十八寺所有寺院砂土的

埋了四國八十八寺所有寺院砂土的總砂踏

「總砂踏」。

寺院藥師堂前的香爐灰，歷來被民間傳說能解毒，尤其靈驗，以前經常被偷。現在寺院索性把它包裝起來，在納經所售賣。

此外，在納經處還能看到前些年在日本及兩岸三地頗受歡迎的電影《我是和尚》相關書籍、電影海報、剪報，這是因為電影根據真人真事改編，主角正是榮福寺現任住持白川密成。

《我是和尚》電影海報

第58番：仙遊寺

(58) せんゆうじ
山號：作禮山
宗派：高野山真言宗
本尊：千手觀音
地址：〒794-0113 愛媛県今治市玉川町別所甲483
距離：下一番 6.2 公里

寺院在西元七世紀由當地領主開基。在寺院創辦前後，有一位和尚在此處念經，一天突然飛到天上消失了，寺院因此被命名為「仙遊」。空海大師到此地時，寺院已經荒廢，大師就把它復興了起來。

在上一番榮福寺和仙遊寺之間，有一個池塘。據說在某個年代，兩寺曾經由同一人當住持。榮福寺在山腳，仙遊寺在山上。兩寺間的村莊有一隻對寺院很有感情的黑狗（也有說是住持的狗），兩寺只要敲鐘它就會興奮地奔來。一次，可能是為了試驗、作弄，兩寺約定同時敲鐘，這隻忠心的黑狗聽兩地都在敲鐘叫喚，不知所措，無從選擇，就跳進池塘自殺了。大家覺得很後悔，從此把這池塘稱為「犬塚池」。

前往寺院的路上還會經過一井、一尊人像；井泉傳為空海大師為救濟諸病所開，被視為「加持水」；人像則是那位飛到天上從此失蹤的古代和尚「阿坊仙人」。

本堂的本尊是千手觀音，有一些人傳說這是龍女雕刻的。迴廊的賓頭盧尊者像，是四國最大尊。

在寺院境內，還有一座「第54番延命寺」介紹過的真念法師路碑石，和一組八十八寺本尊代替石像。

傳說是龍女雕刻的千手觀音

第59番：國分寺

(59) こくぶんじ
山號：金光山
宗派：真言律宗
本尊：藥師如來
地址：〒 799-1533 愛媛県
今治市国分 4-1-33
距離：下一番 33 公里

這是遍路上順序走來第三次遇到國分寺，即古伊予國的皇家寺院。雖然這個身分只是歷史中某年代的事情，寺院早已不再屬於官家機構，可是仍然可以看到寺院瓦當和很多細處都採用天皇的菊花紋徽號。

在寺院的進門位置，有一尊造型獨特的空海大師像和一個大壺石雕。大師像稱為「握手修行大師」，參拜者可以與大師親切握手許願，但旁邊的通告牌說明了「大師很忙，限求一事」。大壺是代表寺院本尊藥師如來的藥壺，可以按照自己有病痛的部位去觸摸藥壺對應的位置以求加持。

代表國分寺本尊藥師如來的藥壺

在古代，寺院曾經有一座規模上日本史上罕見、現今舉國無存的七重塔。按照遺留的塔基推測，這座千餘年前的大塔應為約為六十公尺高。

從國分寺繼續走，會出現一個比較尷尬的處境。下一番應該是第60番橫峰寺，可是那是在山腰，前往時的大概方向其實會路過第61番、第62番、第63番。視乎所採取的朝拜形式，可以自行取捨朝拜的先後次序。

國分寺很多細處都採用天皇的菊花紋徽號

第60番：橫峰寺

(60) よこみねじ
山號：石鉄山
宗派：真言宗御室派
本尊：大日如來
地址：〒 799-1112 愛媛県西条市小松町石鎚甲2253
距離：下一番 10 公里

一千九百八十二公尺的石鎚山，是四國、西日本最高峰。西元六五一年，修驗道開祖役行者在這裡修行，感得修驗道的神明藏王權現顯靈現身，便雕神像供奉。一百多年後空海大師到此修行，連續二十一天登山頂修一種稱為「星供祕法」的儀軌，到了圓滿日，藏王權現再次顯靈現身，之後大師便對寺院進行了擴建。這座寺院既是遍路的難所之一，也是古伊予國的關所（有關伊予國關所，歷史上也有別的說法）。

寺院在石鎚山的山腰，標高七百五十公尺，是八十八寺的第三高（第一位是第66番雲邊寺，第二是第12番燒山寺）。

〔寫於遍路上的詩歌〕

雲水不約
天地無家
但
雲與水雖不約而相同
天地間因無家而相遇
願
匍匐塵埃孑身子
前程似雲錦
願
天地無家遠行客
舊路好還家

扎西拉姆·多多

第61番：香園寺

(61) こうおんじ
山號：栴檀山
宗派：真言宗御室派
本尊：大日如來
地址：〒799-1102 愛媛県西条市小松町南川甲19
距離：下一番 1.5 公里

西元六世紀，聖德太子來到這裡，遇到一個穿金衣的白髮老翁送來一尊大日如來像。在西元八〇六年至八一〇年之間，空海大師到此時，遇到一孕婦遭遇生產困難，在大師祈禱後，婦人順利誕下健康的小孩。從此，這裡成為專門祈禱順產的地點。由於當時大師焚香祈禱，寺院的山號命名為「栴檀山」。

第一次來到寺院的人，一定會很驚訝。這裡不是什麼古建築，而是一座水泥鋼筋建造的宏偉三層建築，裡面還有冷暖空調、現代劇院式的座位，可以同時容納幾百人聽法。哪怕是寺院的鐘樓，也是水泥建築。

在二層的大型現代講堂裡，牆壁上貼著來自世界各地的小孩照片。這是因為上世紀初的一任住持曾經在日本、韓國、中國、美國巡遊弘法，攝受了很多外國弟子，在祈禱順產後，父母都把照片郵寄過來。

寺院還有一個特點：在寺境內有一座單獨的佛龕，供奉保佑小孩的子安大師像

（在「第2番極樂寺」中提到過），可是那不是大師堂。這寺院不設大師堂。在二層的講堂、中央的本尊旁邊的大師像，就是大師堂的代替。

由於這寺院對順產祈禱、小孩的健康成長特別保佑；納經時寺院會送予兩張御影，一張是寺院本尊大日如來，另一張是子安大師。在納經處還能買到各種各樣小孩、兒童相關的護身符、學業進步御守，和保佑順產的「安產腹帶」等等。

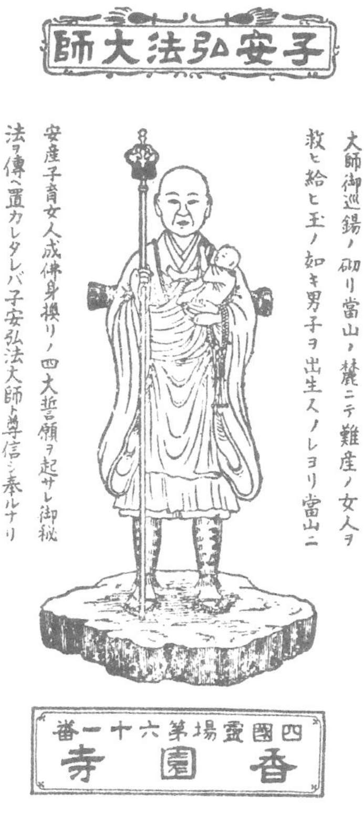

香園寺額外授予子安大師御影

第62番：寶壽寺

(62) ほうじゅじ
山號：天養山
宗派：高野山真言宗
本尊：十一面觀音
地址：〒799-1101 愛媛県西条市小松町新屋敷甲428
距離：下一番 1.4 公里

西元八世紀，當時的天皇命令在各區建立「一之宮」，寶壽寺的前身便是當時伊予國的分宮。空海大師後來把這裡擴建，安奉以當時皇后容貌為藍本雕刻的觀音像，並把寺院命名為「寶壽寺」。寺院曾經經歷戰亂而荒廢，和由於興建鐵路的變遷，現在所處地並非原址、原來建築。

第63番：吉祥寺

(63) きちじょうじ
山號：密教山
宗派：東寺真言宗
本尊：毘沙門天
地址：〒793-0072 愛媛県
西条市氷見乙 1048
距離：下一番 3.5 公里

空海大師在西元八一〇至八二四年之間，雕刻了毘沙門天主眷三尊（毘沙門天及脇侍吉祥天、善膩師童子）而開創了吉祥寺。寺院在一六五九年遷移到現址。

吉祥寺是八十八寺裡唯一供奉毘沙門天作為本尊的。除了毘沙門天外，本堂還供奉一尊不公開展示的高麗白瓷「瑪麗亞觀音」（在「第53番圓明寺」中曾經介紹），高三十公分，來自一位西班牙船長。

在本堂旁邊有一塊有孔大石（成就石）。傳說，如果從本堂前，閉眼、心裡默默許願、手持金剛杖直走，如果手杖剛好穿進孔內，這個願望就會成真。

寺境內有一座八角亭，裡面供奉著日本的七福神裡

如果手杖剛好穿進孔內，願望就會成真。

的六位。只有六位的原因是，寺院的本尊就是毘沙門天，在本堂內已有供奉。

☆ 七福神

七福神是日本的獨特信仰，是來自印度、中國、日本本土的佛教、道教，日本本土信仰神道的七位「福神」的特定組合，據說起源於佛教的七難即滅、七福即生之觀念。

在七位福神中，大黑天、毘沙門天、弁財天來自印度信仰；壽老人、福祿壽、布袋尊來自中國文化；惠比壽則為日本的本土神明。

這棟建築供奉了七福神中的六位

第64番：前神寺

(64) まえがみじ
山號：石鈇山
宗派：真言宗石鈇派
本尊：阿彌陀如來
地址：〒793-0053 愛媛県西条市洲之内甲 1426
距離：下一番 45 公里

西元六七八年，修驗道開祖役行者在石鎚山山頂修行，並雕刻阿彌陀如來像，創辦了前神寺的前身。西元八世紀，天皇為寺院命名「前神寺」。空海大師在登石鎚山修行時，把這裡定為朝聖札所之一。由於其多重淵源，寺院同時是佛教真言宗石鈇派、石鈇山修驗道的總本山。

在前往寺院的石階段上，會經過一個小瀑布，山壁刻著一尊不動明王（御瀧行場不動尊），經過的人喜歡把錢幣拋向明王身體周邊，如果能附著不掉落，就視為有福。

第65番：三角寺

(65) さんかくじ
山號：由靈山
宗派：高野山真言宗
本尊：十一面觀音
地址：〒 799-0124 愛媛県四国中央市金田町三角寺甲 75
距離：下一番 20.5 公里

伊予國的最後一番三角寺，由行基上人開基。西元八一五年，空海大師在此設三角伏魔壇進行二十一天護摩，寺院因此得名。一般來說，第60番橫峰寺被視為古伊予國的關所，但歷史上也有別的說法，譬如歷史某些時間點上也有人認為三角寺才是伊予關所。

寺院的山門同時是鐘樓，這種二合一鐘樓門在前面番數已出現過幾次。在朝禮本堂和大師堂後，切記瞻仰現今還在的大師當年修護摩法的三角壇。

此寺以賜子、安產祈禱靈驗出名。據說這裡還有一個習俗，無子女的夫婦會到寺院取一個勺子（子宝勺子）回家，待求子靈驗、小孩出生後，便帶一個新勺子回來還願。到了現代，已經不需要偷偷摸摸取寺院的勺子了，納經所裡就有兩種大小款式提供流通。

子宝勺子
（求子飯勺）

九　涅槃道場：香川／讚岐國

以烏龍麵著稱、北側臨瀨戶內海的香川縣，是日本面積最小的縣，縣境內有二十三座遍路寺院，即從第66番雲邊寺至第88番的大窪寺，合稱「涅槃道場」。

讚岐國的國分寺是第80番，其關所是第66番雲邊寺。比較特別的是，雖然說涅槃道場有二十三座寺院，可是第68番神惠院、第69番觀音寺是同處，共用同一座山門、同一所納經處。

第66番：雲邊寺

(66) うんぺんじ
山號：巨鼇山
宗派：真言宗御室派
本尊：千手觀音
地址：〒 778-5251 德島県三好市池田町白地ノロウチ 763-2
距離：下一番 13.5 公里

涅槃道場系列的第一座寺院，位於海拔九百一十一公尺高，是八十八寺裡的最高。它是讚岐國的關所，也是遍路的難所之一。

在地理環境上，雲邊寺情況有趣：朝聖者順序走來，剛剛穿越了愛媛縣縣界進入香川縣，雲邊寺的索道纜車站在縣界不遠的地點，可是乘搭纜車上到山上後，從車站走出幾步，會看到一個香川、德島兩縣之間的地界，在現代地理行政劃分裡，雲邊寺的纜車站屬於剛進入的香川縣，寺院卻屬德島縣縣境之內；也就是說，從第65番三角寺，我們從愛媛縣進入香川縣，坐纜車上山，走兩步進入德島縣朝拜第66番雲邊寺，然後回到屬於香川縣的纜車站。當然，這只是從行政地理劃分而說的知識，自古以來，雲邊寺還是被視為讚岐國、涅槃道場系列的。

寺院是西元八〇七年空海大師開創的。在大師來到時，知道這裡有許多人生病，大師以錫杖杵地，把疾病封禁於地底。在全盛年代，這裡有四大堂，分別是阿波、土佐、伊予、讚岐的學僧學習的地方，因此被稱為「四國的高野」。

從纜車站出來，可以看到山頂的巨大毘沙門天王像。然後跨過縣界，進入位於德島的寺院範圍。在步往本堂的沿途，可以看到很多表情特別生動的五百羅漢像，還會經過空海大師加持水、大師親植的乳銀杏古樹、男女版的「厄坂」。

由於寺院和除病、除厄、祈禱順利相關，而茄子的日文「なす（nasu）」，跟成為、成就的日文「成す」發音相同，寺境內到處能看到茄子主題的裝飾物、雕刻，乃至大部分御守也是茄子主題。如果喜歡，可以付出一點志納金，要求在白衣或朝聖袋蓋上特別的茄子朱印。

香川、德島兩縣之間的地界

第67番：大興寺

(67) だいこうじ
山號：小松尾山
宗派：真言宗善通寺派
本尊：藥師如來
地址：〒 768-0101 香川県
三豊市山本町辻 4209
距離：下一番 9 公里

西元八二二年，空海大師在天皇要求下創辦了這座寺院。在最初，寺院是天台宗、真言宗共同管理。

山門的兩尊力士高三點一四公尺，乃日本古代雕刻家運慶作品（第20番鶴林寺力士也是他的作品），是八十八寺裡最高的。進入山門後，可以看到大師在約一千多年前種下的楠樹。

大興寺有一個特別的傳統，可以辦理「七日燈明」祕法。此外，這裡的大師堂也和別的地方不同。由於此寺在古代是兩派共用，本堂的左右兩邊各有一座大師堂；一邊稱為「弘法大師堂」，供奉空海大師，另一叫「天台大師堂」，供奉天台宗四祖智顗大師。

第68番：神惠院

(68) じんねいん
山號：七寶山
宗派：真言宗大覺寺派
本尊：阿彌陀如來
地址：〒768-0061 香川県観音寺市八幡町 1-2-7
距離：下一番 0 公里

西元七〇三年，一位叫「日證大師」的高僧在附近修行。一天，他看到海面有一位老翁坐小船裡彈琴，自稱是八幡大神。大師後來把老翁留下的小船、樂器供奉起來。在八〇六至八一〇年之間，空海大師在這裡畫了一幅阿彌陀如來畫像，為寺院命名。在後來的年代裡，歷經變遷，寺院被遷移到第69番觀音寺旁邊，成為八十八寺裡唯一的「一山二靈場」。

進入兩寺共用的山門後，可以細賞兩寺共用的大鐘建築。這座鐘塔的雕刻特別精細，牌匾「醒夢」由一位中國僧人所題。

兩寺雖然在同一處，並共用一座山門、大鐘、一座納經所，可是卻分別有各自的本堂、大師堂。在寺境最左邊高處，是第68番的本堂和大師堂，其中本堂在一座水泥建築內，比較特別；大師堂側還有一座「十王堂」，供奉來自中國民間信仰裡的十殿閻王。

八十八寺裡唯一的「一山二靈場」，二寺共用的納經所。

第69番：觀音寺

(69) かんのんじ
山號：七寶山
宗派：真言宗大覺寺派
本尊：聖觀音
地址：〒 768-0061 香川県観音寺市八幡町 1-2-7
距離：下一番 4.7 公里

寺院由前一番提過的日證上人在西元七〇三至七〇五年之間開創，後經空海大師復興並改名。

前面說過，第68番神惠院、第69番觀音寺共用一處。因此，兩寺共用山門、大鐘、納經所。

在離開寺院後，可以考慮去附近的琴彈公園欣賞遠處的砂繪寬永通寶。寬永通寶是江戶時代流通的日本硬幣。在一六三三年，為歡迎當時的藩主生駒高俊到臨，當地在一夜之間，在沙灘上堆出了一個東西一百二十二公尺、南北九十公尺、圓周三百四十五公尺的錢幣形狀的砂繪，傳說只要看到這砂繪就會身體健康、長壽百歲、從此不會窮困。砂繪範圍本身禁止進入，琴彈公園山頂展望台是欣賞砂繪和瀨戶內海海濱的最美角度。

此外，在寺院附近的滿久屋炸蝦餅、白榮堂甜品，都是百年老號的本地名物。

沙灘上東西 122 m、南北 90 m 的錢幣形狀的砂繪，據說是一夜之間完成的。

第70番：本山寺

(70) もとやまじ
山號：七寶山
宗派：高野山真言宗
本尊：馬頭觀音
地址：〒769-1506 香川県三豊市豊中町本山甲1445
距離：下一番 12. 2 公里

西元八〇七年，傳說空海大師一夜之間建成本堂開基，當時寺名是「長福」。大師也雕刻了馬頭觀音、阿彌陀如來、藥師如來等像。在八十八寺裡，這裡是唯一一寺以馬頭觀音為本尊的。在十六世紀戰國年代，軍將曾經要占領寺院，拔刀砍向攔著寺門阻擋的住持，傳說此時本堂佛龕自開，裡面的阿彌陀如來像肘部流血，嚇得軍人不敢造次、狼狽退兵。因此，寺院本堂是八十八寺裡少數未歷戰火損害的建築之一，現為國家認定的「國寶」，而那尊顯靈的阿彌陀如來，被稱為「受刀彌陀」（太刀受けの弥陀）。

進入寺院，首先進入眼簾的，是寺院後方宏偉的木造五重塔。前面章節說過，八十八寺裡面，只有四座寺院擁有五重塔，即第31番竹林寺、本番、第75番善通寺、第86番志度寺。本山寺的塔有一個近代靈驗故事：在一九一〇年，第59番國分寺的當時住持經過這裡，這位住持本來是眼瞎的，可是來到這寺院的塔前，突然就看到東西了，為了報恩，他復興了當時已經衰敗的大塔。

在大師堂旁邊，有一對實物大小的馬的銅像。此外，寺境內還有鎮守堂、十王堂、赤堂、慰靈堂、客殿等建築。

本山寺本堂是八十八寺裡少數未歷戰火損害的建築之一，現為國家認定的「國寶」。

〔寫於遍路上的詩歌〕

從一月坐到四月
從水窮石瘦坐到櫻吹雪

茶湯熟了你不來
我把它煮成雲霧
雲霧散了你不來
我把它吹作散調
散調寂了你不來
我把它聚為蓮蒂
蓮蒂開了你不來
我把它摘了供佛

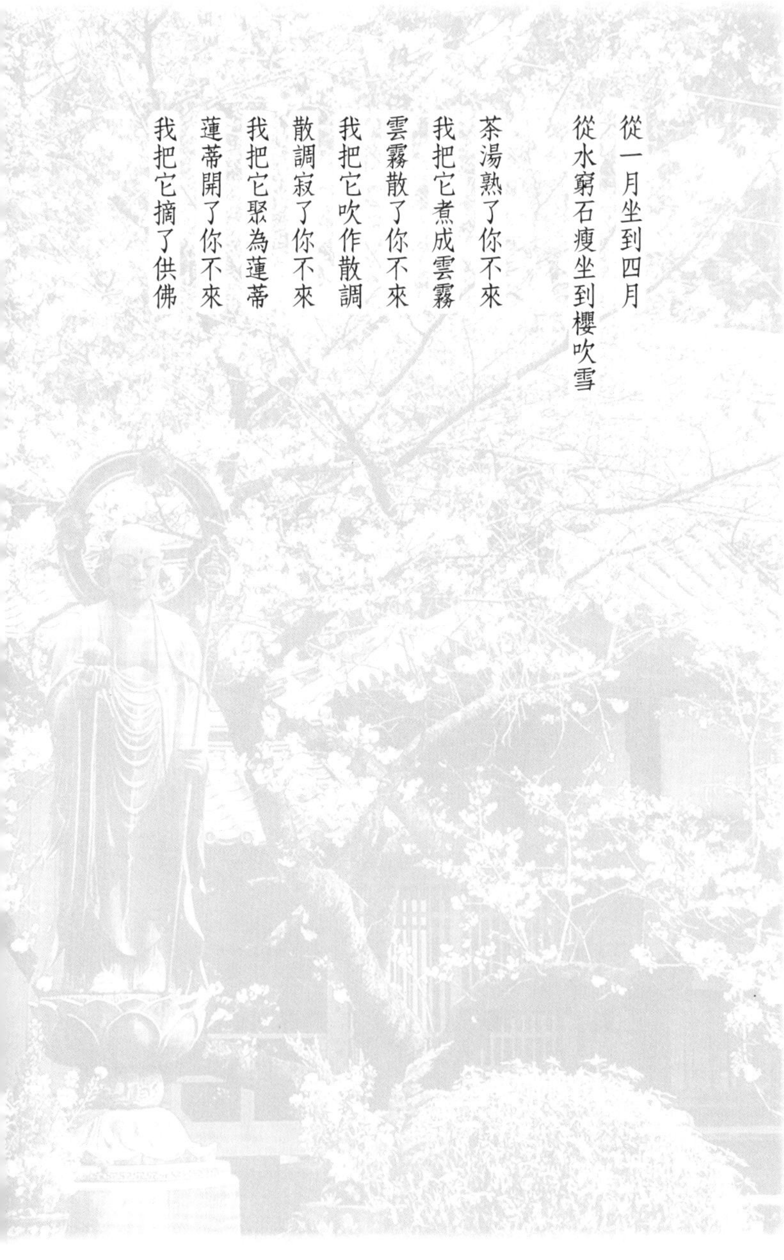

許是這不來者
先成了佛
亦等我
等了無量劫

扎西拉姆·多多

第71番：彌谷寺

(71) いやだにじ
山號：劍五山
宗派：真言宗善通寺派
本尊：千手觀音
地址：〒767-0031 香川県三豊市三野町大見乙70
距離：下一番4公里

要登五百四十級台階才能步行到達的彌谷寺，是遍路難所之一。

寺院最初由行基上人開基，當時名字是「八國寺」。空海大師在出家前、七歲時曾經在此地山洞中讀書修學。西元八〇七年，大師從中國學成歸日，再次到臨寺院，見到五把劍從天上降落、修驗道的本尊藏王權現顯靈現身，便重興了寺院。

在登山途中，可以看到一組三尊、久經風化的摩崖石刻佛像。傳說此山是亡靈聚集的地方，三尊佛像據說是空海大師和一遍上人為超度亡魂而雕刻的。

寺院的大師堂其實是個山洞。山洞洞口像獅子張口大吼，象徵佛法弘揚，被視為特別吉祥，故稱「獅子岩屋」，其內供奉空海大師四十二歲像，和大師的父母兩尊像。此寺保存大師從中國帶回、得自其師惠果大師的金剛鈴，不定期展出。寺境內的其他看點還有十王殿，和一尊六公尺高、比較少見的金剛拳菩薩像。

從第71番，一直到第77番道隆寺連續七座寺院，自己是一個小系列，每座寺院供奉七福神其中之一尊。如果有興趣、需要，可以分開納印、收集七福神御影。

一組三尊、久經風化的摩崖石刻佛像

第72番：曼荼羅寺

(72) まんだらじ
山號：我拜師山
宗派：真言宗善通寺派
本尊：大日如來
地址：〒765-0061 香川県善通寺市吉原町 1380-1
距離：下一番 0.4 公里

這座寺院的歷史特別悠久，其前身是空海大師的俗家佐伯家族在西元五九六年建造的世坂寺。大師從中國學成歸來後，仿照西安青龍寺的布局，重興了這座寺院，作為自己亡母的紀念寺。

本堂的天花板是三百七十七格小畫，主題包括二十八星宿等等。寺境內本來有空海大師植下的千年「不老松」，不過近年已因蟲蛀而枯死，現在能看到用松樹木材雕刻的「笠松大師」像。寺境內還有平安時代的著名詩人西行法師的「午睡石」（昼寝石）。

從這一番到第73番出釋迦寺，路程只有四百公尺，哪怕不是全程徒步，也可以考慮在這段體驗一下。

用松樹木材雕刻的「笠松大師」像

第73番：出釋迦寺

(73) しゅっしゃかじ
山號：我拜師山
宗派：真言宗御室派
本尊：釋迦如來
地址：〒765-0061 香川県善通寺市吉原町1091
距離：下一番2.5公里

傳說空海大師幼年頻繁夢到諸佛，後來在七歲時，便在此山頂朝著印度方向發願：「如果我能修行成佛、救度眾生，就讓佛陀顯靈吧！」說完即縱身跳下懸崖。此時，釋迦牟尼果然顯靈出現，還有天女現身接住幼年的小孩。大師出家、學成歸來後，便在這裡修行一百萬遍《虛空藏菩薩求聞持真言》，並創辦了寺院。寺院的名字「出釋迦」，是為了紀念當年釋迦牟尼的顯靈現身。當時創辦的寺院其實在山頂，約三百年前為了方便朝拜而移建到現在地點。

登台階上寺院途中，會經過一棵「子寶松」（子宝の三鈷の松），由於松針都是三根的，和普通松樹不同，傳說對它祈禱會有好的子女緣。寺境內有一尊「求聞持大師」，可以祈禱學習進步、記憶力強。

對求子靈驗的「子寶松」

如果有體力和時間，在朝拜完本堂、大師堂後，可以登山前往位於山頂的奧之院，大概需要半小時。如果不登山，可以在寺院後方的「遙拜處」遙望山頂祈禱代替。

納經所有很多有趣的東西：牆上貼著兩幅前首相菅直人徒步遍路朝拜至此時的題字。如果有登山去奧之院，可以額外辦理奧之院朱印、授予《認定書》。如果同時在參拜從第71番開始的七福神小系列，這裡可以求取本寺福神的御影。此外，還有三種比較特殊的御守：「瑞氣守」是個一千三百年的傳統，只在滿月之日以祕法加持而成，只在滿月之日可以請購（通常不嚴格限定）。「子授御守」是求子的護身符。「萬願御守」的傳承來自中國惠果大師祕傳，全日本只有出釋迦寺奧之院製作。這是一枚很有趣的護身符：按照傳統說法，得到此御守時須合掌念「南無捨身岳禪定高祖弘法大師」（這和平時念的大師名號不同），並且禮拜。它具有實現一切願望和治病救人的利益，可以佩戴、供奉，還可以外敷內服！護身符表面看和普通的日本御守差不多，可是它是可以打開的，裡面有約一百張很薄的咒紙，平時可以作為護身符佩戴；在生病時，可以取出一枚，搓成米粒大小丸狀，用水服下；如有外傷，可用一枚御守蘸淨水外敷傷處。

全日本只有出釋迦寺奧之院製作的「萬願御守」

第74番：甲山寺

(74) こうやまじ
山號：醫王山
宗派：真言宗善通寺派
本尊：藥師如來
地址：〒765-0071 香川県善通寺市弘田町1765-1
距離：下一番 2.5 公里

這裡是空海大師童年時遊玩之地。後來空海大師覓地建寺，遇到一位神祕老翁說：「這裡就是您要找的寶地，如果建寺，我承諾永遠守護！」大師後來受天皇命令整治水利工程，本來預計艱難的大規模工程，結果三個月就竣工了，天皇因此賞賜了很多錢財，大師便用這筆錢建造了此寺。由於寺院山形貌似古代軍將的鎧甲，大師便在一個石窟裡安奉毘沙門天王，並把寺院命名「甲山寺」。

在納經所，可以請購毘沙門天王相關的財寶御守，還可以納額外的兔子主題朱印。

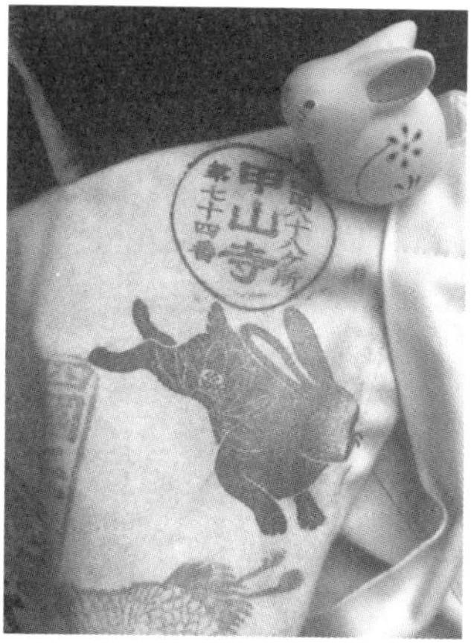

特殊的兔子主題朱印

第75番：善通寺

(75) ぜんつうじ
山號：五岳山
宗派：真言宗善通寺派總本山
本尊：藥師如來
地址：〒765-0003 香川県善通寺市善通寺町3-3-1
距離：下一番 2.3 公里

西元八〇七年大師留學歸來，他的父親把家族的祖屋奉獻給他建寺，大師便撤中國西安青龍寺的砂土，仿照青龍寺的格局，建成了寺院，並以父親名字「善通」為寺命名。因此，善通寺被視為日本真言宗三大祖庭之一（另二為京都東寺、高野山）。

寺院分為東西兩院：東院屬於伽藍，包括稱為「金堂」的本堂、五重塔，和一棵楠樹。本堂供奉的本尊是三公尺高的藥師如來像。楠樹是在空海大師童年時已經被視為神樹的不知年老樹。西院本是大師的俗家佐伯家邸宅，相傳是大師的誕生地（別格第18番海岸寺是大師親母的娘家改建，也有人認為大師是在母親娘家出生），現在是稱為「御影堂」的大師堂。大師堂的地底是一個付費參觀的黑暗通道，在日本稱為「戒壇」（和漢傳佛教的授戒的戒壇似乎無關）。在大師堂的旁邊，有一個

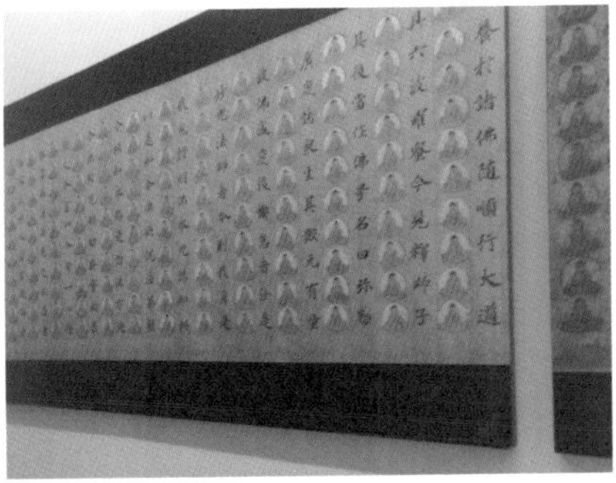

空海大師為迴向母親而以寫一字畫一佛形式抄寫的佛經

小池，據說大師曾經在這裡對著水裡倒影作成一幅自畫像；現在的水池中央供奉著大師和其俗家父母三尊人像。

在寺院境內，還有散布各處的五百尊羅漢像、寶物館、遍照閣。寶物館收藏了大師為迴向母親而以寫一字畫一佛形式抄寫的佛經、中國惠果大師贈予的錫杖等等「國寶」級文物。在遍照閣的二樓，設置了永久性的「砂踏」。

從寺院走出幾步，便是創業於一八九六年的熊岡菓子店，售賣一種全國知名的小麥點心——「カタパン」（超硬麵包）。

空海大師童年時已經被視為神樹的不知年老樹

第76番：金倉寺

(76) こんぞうじ
山號：雞足山
宗派：天台寺門宗
本尊：藥師如來
地址：〒765-0031 香川県善通寺市金蔵寺町1160
距離：下一番3.9公里

西元七七四年，一位叫「和氣道善」的人開創了寺院，當時寺名為「道善寺」。和氣道善家族和空海大師的俗家有親戚關係。後來，和氣道善的孫兒、空海大師的外甥出生在此地。這位孫兒後來出家、赴唐學佛，歸來後創立了日本天台宗裡的門宗，被稱為「智證大師圓珍」（與：空海大師、空海大師同家族的道興大師、空海大師之徒法光、修驗道的理源大師等並稱為「讚岐五大師」）。

金倉寺的本堂前有一尊金色大黑天，是從第71番開始的七福神系列中的一員，參拜者可以自行投幣購買金箔，為大黑天像塗金。大師堂和別的寺院有點不同，同時供奉空海大師、智證大師、役行者三位。

據記載，智證大師童年時身體會發光，五歲時鬼子母對他現身說：「你是天人轉世，將來會弘揚佛法利益很多人，我也將守護著你！」鬼子母是佛經裡提及的一個妖怪，後來被釋迦牟尼降伏了，成為佛教的護法，然而在世界各地佛教裡鮮見專門供奉。可是，因為這個典故，這座寺院有一座建築物，是日本首創的鬼子母殿。

在寺院停車場附近有一個建築物，裡面設置了永久的「砂踏」供朝拜者參拜。

金倉寺原名「道善寺」，是空海大師的外甥智證大師出生地。

第77番：道隆寺

(77) どうりゅうじ
山號：桑多山
宗派：真言宗醍醐派
本尊：藥師如來
地址：〒764-0022 香川県仲多度郡多度津町北鴨1丁目3番30號
距離：下一番7.1公里

這座寺院的緣起比較特殊。在西元七四九年一個晚上，上一番的開基者和氣道善的親弟、當地領主和氣道隆看到一棵桑樹發出怪光，便引弓射箭，結果誤殺了自己的乳母。為了哀悼和懺悔，和氣道隆雕刻了一尊小的藥師如來供奉起來。到了西元九世紀，空海大師雕刻一尊七十五公分的藥師像，把和氣道隆的小像作為「胎內佛」裝藏，稱為「二體藥師」。後來，有一個盲眼的人來祈禱，突然眼睛就好了。在後來，他成為日本古代出名的眼科大夫京極左馬造，臨終還發願於此寺保佑眼睛健康。因此，道隆寺成為了祈禱眼疾痊癒的寺院。

寺境內，有兩百七十尊一樣的觀音、衛門三郎對空海大師懺悔銅像，還有一個傳說曾保佑人起死回生的觀音佛龕（普賢延命大菩薩）、「聽抱怨的地藏」（愚痴きき地藏）佛龕等等。

在本堂的右邊，有一座「潛德院殿御廟」，供奉前述的古代眼科大夫京極左馬造，全國各地都有人來這裡祈求眼疾康復，據說有許多靈驗案例。

古代眼科大夫廟「潛德院殿御廟」

衛門三郎對空海大師懺悔銅像

第78番：鄉照寺

(78) ごうしょうじ
山號：佛光山
宗派：時宗
本尊：阿彌陀如來
地址：〒769-0210 香川県綾歌郡宇多津町1435
距離：下一番6.3公里

西元七二五年由行基上人開基。空海大師在九世紀來到，定為遍路札所之一。在一二八八年，在「第50番繁多寺」裡提及過的一遍上人來到這裡，當時寺院叫「道場寺」，上人把寺院的宗派改為時宗，並更名為「鄉照寺」。現在的鄉照寺，是八十八寺裡唯一屬於時宗的札所。

寺院的大鐘有著一些傳說：據說在古代，敲鐘的時候，遠處的龍王會聞聲現身。此外，在二戰期間，日本徵集各地的金屬鑄造武器，此鐘因其歷史文物價值而被免予徵收，所以也被稱為「和平之鐘」（在日文裡寫作「平和之鐘」）。

寺院的本堂和大師堂，天花板上都是格子花草主題浮雕，工藝相當精美，值得細賞。大師堂供奉空海大師在四十二歲厄年時親手雕刻的「厄除大師」自身像，其下層供奉著一萬尊觀音像。寺境內還供奉有狸神、保佑女性的淡島女神、比較少見的青面金剛等。由於這裡是「千枚通」的發源地（見「遍路豆知識」相關詞條），在寺院納經所可以買到這種可以吃的特色加持物。

在寺院門口不遠處，有一家一九〇七年創業的高橋地藏餅本鋪，屬於本地名物。

鄉照寺是八十八寺裡唯一屬於時宗的札所

第79番：天皇寺

(79) てんのうじ
山號：金華山
宗派：真言宗御室派
本尊：十一面觀音
地址：〒762-0021 香川県坂出市西庄町天皇1713-2
距離：下一番 6.3 公里

寺院最初由行基上人開基，經過空海大師復興。可是，它更出名的背景和日本「三大怨靈」之一的崇德天皇相關（另二為菅原道真、平將門）。

崇德天皇是日本第七十五代天皇，因宮廷鬥爭被逼退位，後來又被指控意圖謀反而被流放到讚岐國，在這寺院一帶居住，過著軟禁的生活，並投身於佛教信仰中。可是，他抄寫了五部佛經上獻京都，卻又被誣衊為是巫術詛咒，拒絕接受。此後，崇德上皇對在位天皇恨之入骨，發毒誓「願為大魔王擾亂天下」，自此不食不休，憤懣而死，死狀猶如夜叉（也有說是被暗殺而死）。

由於被當作罪人，崇德上皇死訊傳到京都後，天皇不給予國葬和國喪，隨後在一年之間發生了大量災異事件。朝廷認為是怨靈作祟，因此批准設立祭拜安撫，此寺便成為佛寺、崇德上皇神宮二合一的性質。到了「神佛分離令」的年代，寺院一分為二，現在的崇德天皇神社在天皇寺的隔壁，成為一座獨立寺社。

在天皇寺入口有「皇族下乘」碑，
顯示本寺跟天皇有關。

比較少見的三重鳥居

第80番：國分寺

(80) こくぶんじ
山號：白牛山
宗派：真言宗御室派
本尊：十一面千手觀音
地址：〒 769-0102 香川県高松市国分寺町国分2065
距離：下一番 6.7 公里

這是遍路上一路走來的第四座／最後一國的國分寺，即古讚岐國的皇家寺院。既然是國分寺，大家可以推斷出，這是行基上人在西元七四一年奉天皇之命開創的。

上一章提過「三大怨靈」裡的崇德天皇。在西元八世紀，菅原道真也曾作為「讚岐守」在此地工作四年，他後來成為日本「三大怨靈」中的一位，亦即後來日本各地的天滿宮信仰的祭拜對象。

如前所說，全國的國分寺後來已經不再得到朝廷的資助，尚存至今的其實只是保留了寺名、使用菊花徽號的特權，實際運作和普通佛寺無異，有些甚至頗顯凋零。然而，第80番還算是比較精采的一座。

寺院的大鐘是創寺同期鑄造的，現在是四國最古老的銅鐘。在一六〇九年，當時的藩主生駒一正曾經把它據為己有、挪去高松城，可是出現了鐘聲不響亮、厄運連連的情況，臥病在床的藩主每夜夢到大鐘發出「回家！回家！」的聲音，後來只好把大鐘歸還寺院。在歸途中，傳說運送的苦力都覺得大鐘變得很輕，回到寺院後，鐘聲重返正常。這個一千三百多年的大鐘，現在是日本政府指定的「重要文化財」。

寺境內的看點很多，包括：四尊不同形象的大師和八十八寺本尊、孩童形象的空海大師、曾經存在的七重塔的塔基、長的像龍的枯樹（御衣木）、閻魔堂、弁財天像、可以貼金箔的大師像和夫妻恩愛像等等。寺院的流通品也比較豐富，包括獨家的遍路主題衣服、烏龍麵御守，和繡著寺院番號「八十」的長壽御守等等。

順帶一說，日本全國的盆景松有百分之八十來自高松，而國分寺一帶地區是其主要產地之一。

四國最古老的銅鐘

〔寫於遍路上的詩歌〕

浮游的日子太散漫
有了一件錐心之事
倒讓人難得的專注了起來
如錨

如果我是拋錨的船
世事終將流經我
匯入大海茫茫
如果我是沉鉤的河床
我允許你歇息在
我生疼的心臟

如果小石頭都可以
是禪師制心一處的靈器
為什麼我不能
專心致志地
與憂愁同在

扎西拉姆·多多

第81番：白峰寺

(81) しろみねじ
山號：綾松山
宗派：真言宗御室派
本尊：千手觀音
地址：〒762-0016 香川県坂出市青海町2635
距離：下一番 4.6 公里

白峰寺位於稱為「五色台」地區的白峰山（見「第82番根香寺」）。西元八一五年，空海大師在此處埋下寶珠，建立了殿堂。「第76番金倉寺」提到過的大師外甥智證大師，在八六〇年看到山上發出靈光，循光而至，遇一老翁指示他用海裡撈上來的靈木雕刻千手觀音安奉，成為寺院的本尊。因為這典故，寺院歷史把這舅甥兩位大師並尊為開基人。

在「第79番天皇寺」裡，提到日本第七十五代天皇崇德天皇被流放、死於讚岐的歷史。天皇去世後，祭拜他的神社在第79番，可是他的陵墓卻是在這裡——第81番。

朝拜本堂和大師堂需要登上一段台階。如果體力不支、腿部有患，可在台階下方的「遙拜處」進行代替性的參禮。

第82番：根香寺

(82) ねごろじ
山號：青峰山
宗派：天台宗
本尊：千手觀音
地址：〒761-8004 香川県高松市中山町 1506
距離：下一番 13. 3 公里

在西元八一〇至八二四年之間，空海大師在這裡，把附近五山峰以青、赤、黑、黃、白命名，對應五方佛，合稱「五色台」。第81番白峰寺位於白峰，現在這番位於青峰，所以山號是「青峰山」。空海大師在這裡創辦了花藏院，他的外甥智證大師後來被一位有白猿相隨的老翁引到此地，便建立了千手院。再過了若干年，兩寺便被合稱為「根香寺」。

在寺院停車場，能看到一個牛魔王銅像（牛鬼の像）。傳說約四百年前，青峰山有一隻吃人的牛妖，後來被神箭手射殺除害，其牛角被奉納在寺院超度。山門附近有一尊役行者雕像。

寺院的山號牌匾「青峰山」是華人程赤城所題。程赤城是江蘇吳趨人，蘇州銅商，亦儒亦賈，遊歷東瀛，在江戶時代的日本非常活躍；他的題字經常自署為「吳趨程赤城」。

除了本堂、大師堂外，寺境內還有供奉五大明王的五大堂、牛頭觀音、漁民從海裡撈出的「龍宮地藏」，和一萬尊觀音小像。

一萬尊觀音

第83番：一宮寺

(83) いちのみやじ
山號：神毫山
宗派：真言宗御室派
本尊：聖觀音
地址：〒 761-8084 香川県
高松市一宮町 607
距離：下一番 13.7 公里

西元七〇一年，法相宗高僧義淵僧正創辦了一座叫「大寶院」的佛寺。在後來行基上人的年代，天皇下令每國必須建立一個佛教、神道信仰共同的「宮」，上人修復大寶院，改名為「一宮寺」。西元九世紀，空海大師安奉了一尊一百零六公分的聖觀音像，把寺院改宗為真言宗。到了一六七九年，一宮寺又經歷變遷，與神道信仰分家，成為純佛教寺院。

寺院入門處地面上有一面扇，傳說規矩是進門要腳踏扇圖，代表開運，可是離開時必須躲開、不能踏中。

本堂前有一座小石龕（地獄の釜），裡面有一尊佛像。傳說這和地府相連，把頭伸進去可以聽到地府傳來的哀

栗林公園

號；如果是有惡業的人，石龕的石門會自動關上，當場身首異處云云。

雖然是在進行宗教性的朝聖活動，可是，距離寺院五公里的栗林公園是必須一去的觀光景點。栗林公園起源於十六世紀末豪族佐藤氏的別邸，是日本國指定為「特別名勝」的日本庭園、《米其林觀光指南》中列為三星的「值得專程探訪的景點」；在二〇一二年美國專業庭園雜誌《日本庭園期刊》的〈二〇一一年日本庭園排名〉中列於第三位。

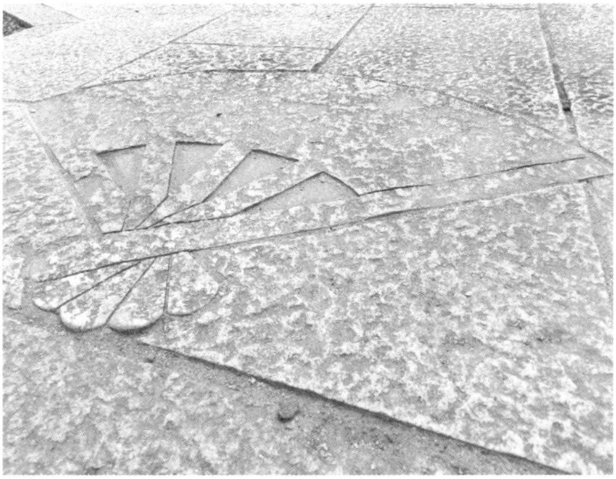

地面的開運扇

第84番：屋島寺

(84) やしまじ
山號：南面山
宗派：真言宗御室派
本尊：十一面千手觀音
地址：〒761-0111 香川県高松市屋島東町 1808
距離：下一番 7.2 公里

從第84番開始，一直到最後第88番大窪寺，一連五座寺院合稱「東贊五大寺」。

寺院是中國鑑真和尚於西元七五四年建立，比同為他建立、現屬聯合國世界遺產的奈良唐招提寺還早。八一五年，空海大師把寺院從北嶺遷移到南嶺。一一八五年，源家和平家之間的戰爭打到這裡，屋島之戰造成武士集團一一向源家輸誠、平家山窮水盡的局面，平家於一個多月後滅亡。

寺院有一座太三郎狸的神龕和一列配套的鳥居。根據傳說，鑑真和尚、空海大師都曾經在這山裡迷路，均遇一自稱「太三郎狸」的白髮老翁引路脫險。太三郎狸因常常行善而受封為「蓑山大明神」，被奉為地方守護神、四國狸貓的頭領，也是動畫《平成狸合戰》裡的屋島禿狸角色的原型；與佐渡的團三郎狸、淡路的芝右衛門狸並列為「日本三大名狸」，在日本各地都有不少信眾，據說保佑夫妻和睦、家庭圓滿、子孫滿堂、生意興隆。

由於寺院這一帶是歷史著名的源平合戰的古戰場遺跡，且風景優美，整座山頂是很受歡迎的遊客景點。如果有時間，建議環遊山頂一周欣賞景色，沿途有很多有趣的小商店、零食店、便餐餐廳等等。

「蓑山大明神」狸被奉為地方守護神、四國狸貓的頭領

從山頂俯瞰源平合戰的古戰場遺跡

第85番：八栗寺

(85) やくりじ
山號：五劍山
宗派：真言宗大覺寺派
本尊：聖觀音
地址：〒 761-0121 香川県高松市牟礼町牟礼 3416
距離：下一番 6.5 公里

在西元九世紀，空海大師在此處誦念《金光明經》時，看到天上降下五把劍，遂把五劍埋於山中祕處，然後創辦了此寺，把山號命名為「五劍山」，寺院命名為「八國寺」。大師在去中國留學前，曾經在此埋下八顆燒焦的栗子。在八〇四年大師學成歸來，發現栗子竟然長出來了，便把原寺名「八國寺」更改為「八栗寺」。

寺院位於山上，通常使用纜車登山。在去程時可以特別留意車廂內的背景音樂，堪稱「特別」。從纜車站出來、步往寺院建築群途中，可以看到十二生肖的對應佛像、八十八寺本尊石佛。

歡喜天堂供奉空海大師製作、十五公分高、每半世紀才開帳一次的黃金歡喜天像。在這座建築周圍，能看到各種以歡喜天的錢包、蘿蔔標誌為主題的繪馬、殿前石雕、徽號。這尊歡喜天以特別靈驗著稱，如果

歡喜天主題的繪馬

有需要，可於納經所安排供養、祈願等特殊的法事儀式。

中將坊堂供奉的是天狗，據說保佑去災、招福。在建築的下方能看到一些信徒奉納的拖鞋。傳說如果看到有些拖鞋很骯髒，這是因為半夜裡天狗穿鞋到處走動為信徒除災。

許多朝拜者為了趕纜車時間，會在拜過本堂、大師堂後就匆忙離開。其實，如果從納經所朝本堂的反方向多走幾步，有一個展望台，從這裡可以遠眺美景，不容錯過。

在來回寺院纜車站的山腳半公里處，有一家叫「山田家」的烏龍麵店（うどん本陣山田家），其建築是江戶時代的釀酒廠改建而成，氛圍很不錯，值得考慮在此用餐。

第86番：志度寺

(86) しどじ
山號：補陀落山
宗派：真言宗善通寺派
本尊：十一面觀音
地址：〒769-2101 香川県
さぬき市志度 1102
距離：下一番 7 公里

有關這座寺院的緣起，有兩種不同說法：比較普遍的說法是，西元六八一年，奈良時代的公卿藤原不比等為紀念捨命入海為他找回寶物的亡妻而建墳，後由其子建寺；另一個說法是六二五年由一女尼凡薗子開基。

寺院山門的兩尊力士，傳說為名家運慶的作品（第20番鶴林寺、第67番大興寺也是）。

除了本堂、大師堂，寺境內還有閻魔堂、八十八寺僅四寺有的五重塔，和很少見的奪衣婆神龕。在一個角落，有一塊紀念念誦光明真言一億萬遍的石碑，其上是八十八寺所有本尊集中在一起。在納經所，可以單獨為參拜閻魔堂、奪衣婆而辦理朱印，並得到單獨御影。

八十八寺所有本尊皆齊集的石碑

第87番：長尾寺

(87) ながおじ
山號：補陀落山
宗派：天台宗
本尊：聖觀音
地址：〒 769-2302 香川県さぬき市長尾西 653
距離：下一番 15.6 公里

西元七三九年，行基上人為寺院開基。空海大師在赴唐留學前曾在這裡祈禱求法順利，歸國後又復興寺院作為道謝。寺院現在是八十八寺裡的四座天台宗寺院之一。

寺院的鐘樓，是少數的山門、鐘樓二合一設計。境內除了本堂、大師堂以外，並沒有很多特別精采的看點，唯獨有一個髮塚對喜歡歷史的人來說比較有研究價值。髮塚和靜御前相關，她是一個舞女，被譽為「天下第一美女」，後與「第3番金泉寺」章節裡曾介紹過的悲劇英雄源義經相愛。一一八九

靜御前剃髮塚（埋髮處）

年源義經在哥哥追殺下自盡，靜御前便和母親在長尾寺落髮為尼，這座髮塚便是她出家剃度時的埋髮處（静御前剃髪塚）。

在第87番和最後88番之間（離第87番約五公里／第88番約十公里），有一座遍路文化博物館，叫「遍路交流沙龍」（おへんろ交流サロン，香川県さぬき市前山936番地），這裡是不容錯過的地方。博物館地方雖不大，可是，門前收集了歷代路標石，裡面有很多遍路文物，介紹十分全面。如果是在進行徒步朝聖，可以要求頒發免費的《四國八十八所遍路大使任命書》。

四國八十八番

第88番：大窪寺

(88) おおくぼじ
山號：醫王山
宗派：真言宗單立
本尊：藥師如來
地址：〒769-2306 香川県さぬき市多和兼割96
距離：第1番靈山寺約40公里

西元七一七年行基上人草創；西元九世紀空海大師雕刻等身大的藥師如來像安奉，並留下了一根「三國傳來」的錫杖（即印度傳至中國再傳到日本的意思）。在古代重男輕女的年代，大多寺院不允許女人進入，可是這座寺院卻歡迎女性朝拜，所以有「女人的高野」之稱。

本堂懸掛的「靈場結願所」牌匾乃華人萬碧山所題；題字日期是光緒二十三年，即西元一八九七年。

在本堂和大師堂之間，有一個玻璃建築稱為「寶杖堂」，裡面存放了最近累計的、朝聖者留下的金剛杖，特別壯觀。在大師堂的下方，有一永久性的「砂踏」設施。

有些人選擇以大窪寺為結願寺，也有些人選擇走回第1番靈山寺才視為完成，還有人會從這兩寺其一出發，前往高野山，再去京都東寺，才視為結束。這幾種選擇各有傳統，並無絕對對錯。大窪寺位於香川、德島兩縣交界處不遠，前往第1番靈山寺約四十公里距離。不論是最後番大窪寺、第1番靈山寺，或是京都東寺，都可以辦理《滿願證》，可以自行選擇（如果在東寺辦理，要求是曾朝拜八十八寺加高野山）。

如果選擇在大窪寺結願，就面臨抉擇了：一個做法是把金剛杖繼續帶上，在家珍藏紀念、以後繼續用；另一做法是在結願所交予小額費用，對杖鞠躬感謝陪伴支持，就此道別，把它奉納於此。寺院每年會在春分、秋分，以累計奉納的金剛杖代替護摩木，舉辦特別護摩法會處理。

朝聖者留下的金剛杖
就存放在寶杖堂裡

〔寫於遍路上的詩歌〕

緣癡有行
緣行有識
緣識有名色
緣名色有六入……

一一病，固然
有一一藥可癒
一一提問，亦固然
有一一應答可迴響
每一尊神明
都可認領
他唯一的信徒

可我有時寧願
抱病、惑然
不作歸投

我有時會想
一切救贖都過分繁瑣
一切道路都難免曲折

我有時會覺得
與其費力聽懂每一個答案
不如回到
無問的當初

扎西拉姆・多多

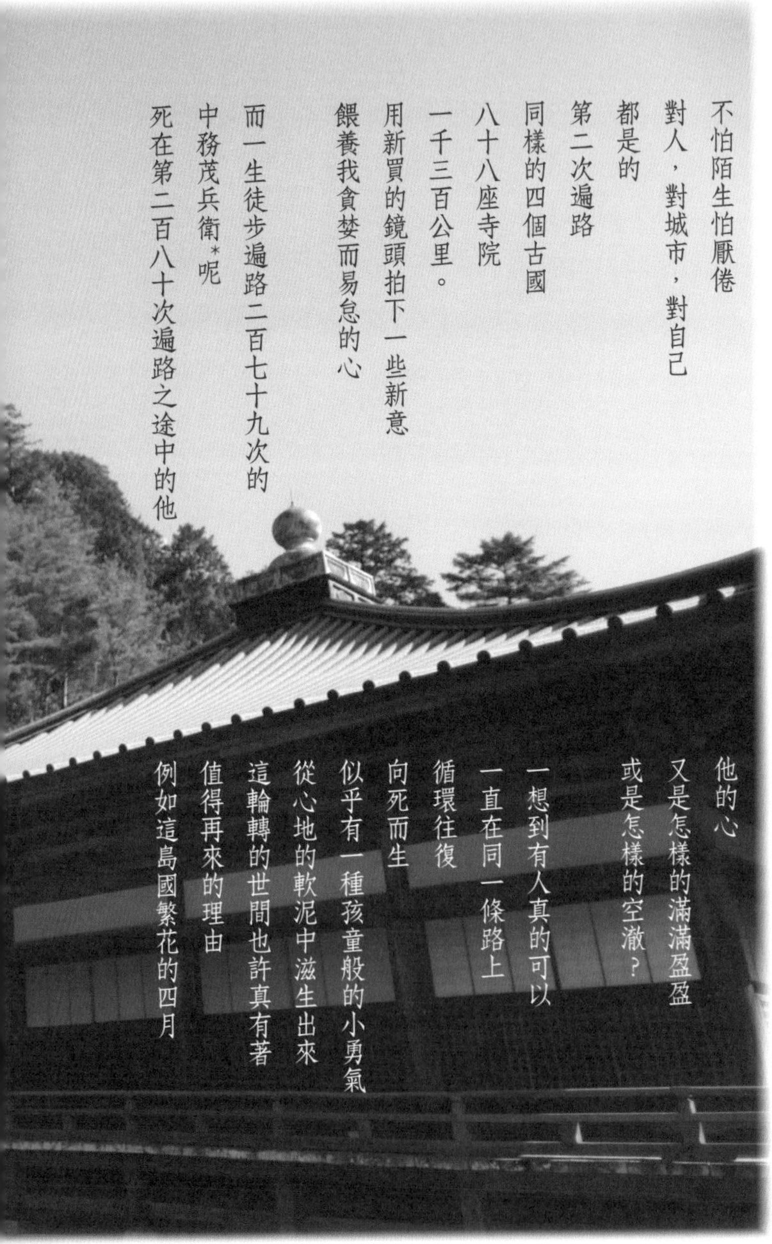

〔寫於遍路上的詩歌〕

不怕陌生怕厭倦
對人，對城市，對自己
都是的
第二次遍路
同樣的四個古國
八十八座寺院
一千三百公里。
用新買的鏡頭拍下一些新意
餵養我貪婪而易怠的心
而一生徒步遍路二百七十九次的
中務茂兵衛*呢
死在第二百八十次遍路之途中的他

他的心
又是怎樣的滿滿盈盈
或是怎樣的空澈？
一想到有人真的可以
一直在同一條路上
循環往復
向死而生
似乎有一種孩童般的小勇氣
從心地的軟泥中滋生出來
這輪轉的世間也許真有著
值得再來的理由
例如這島國繁花的四月

扎西拉姆·多多

＊中務茂兵衛，一百多年前的遍路大先達，日本歷史上巡禮四國遍路次數最多的人。江戶時代初，宥井真念法師在此朝聖路上來回行走二十年，周知路徑，設置標石，完成攻略《四國遍禮靈場記》，四國遍路開始在民間興起。明治年代，中務茂兵衛花六十年時間，順行逆行兩百八十次，翔實測量寺院之間距離，重修路標一百五十處的記載。

十 别格寺院和高野山

四國和空海大師的淵源很深。在成型的八十八寺巡禮以外，還存在很多大師的相關聖跡。這些聖地被稱為「番外靈場」，其中有二十座，在一九六八年組成了「四國別格二十靈場」*，加上本來的八十八寺，湊出佛教裡一百零八的吉祥數字。

二十別格寺院雖然也是空海大師相關，但其聯合組織和八十八寺靈場會並無直接關係，單獨運作、宣傳，其巡拜傳統也有所不同。

二十別格寺院同樣也是分布在四國的四縣各處，要全部順序朝聖，基本上也還是環島一圈的概念。可是總的來說，別格寺院較為偏遠，去朝拜的人也較少，規模也比八十八寺較小。

巡拜別格寺院通常有兩種做法，一為與八十八寺同時進行，另一做法是單獨巡禮這二十處。本書相關章節中列出別格寺和鄰近八十八寺之間的距離。

如果兩個系列同時進行，額外繞道距離約為一百五十公里。如果單獨進行，自駕朝聖別格大概需要四、五天。必須注意的是，部分別格位於山頂，較難到達的地方，在下雪的日子必須再三確認道路狀況。

朝禮別格的裝束、裝備、流程，和遍路傳統大致相同，其主要差異在於：

四國別格二十靈場

＊ 四國別格二十靈場日文官網：https://www.bekkaku.com/

①納札

雖然很多人索性就用普通的八十八所版納札，可是四國別格二十靈場會也有訂立自己的版本，在成員寺裡可以買到。

四國別格二十靈場會訂立的規矩是：普通朝聖者一律使用白色別格納札、先達用黃色、權中先達用綠色、中先達用紅色、權大先達用銀色、大先達的是金色，而最高的特任先達才能用織錦納札。

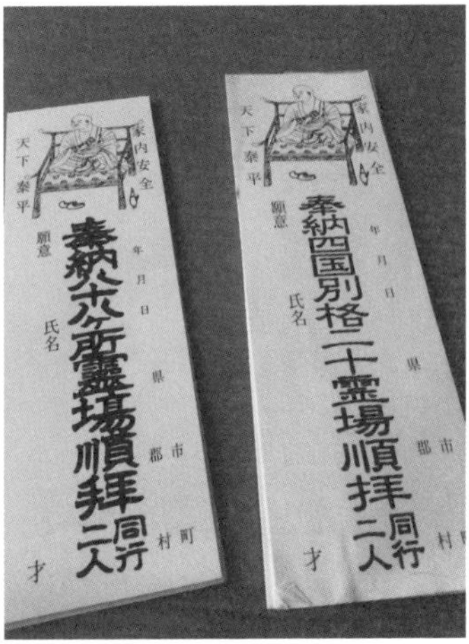

右邊為別格朝聖專用納札

②收集念珠

除了納經、收集御影以外，在這二十寺裡，還可以買到刻上該寺寺名的單顆念珠。念珠分為男款、女款和紫檀款三種，在當年會長所住持的寺院裡，可以買到母珠，朝聖完畢便能自己串成一串手珠。

③別格公認先達

和八十八寺遍路一樣，四國別格二十靈場會也有其公認先達制度。要成為先達，必須朝禮三次、得到其中一位住持推薦，然後經過研習、審核，才會被授予證書、先達半袈裟、先達錫杖等等。在成為先達後，可以按資歷晉升，等級為：新任先達、權中先達、中先達、權大先達、大先達、特任大先達、特任名譽大先達；此外還有小學年齡的兒童先達、中學年齡而未滿二十歲的準先達。

朝拜別格約定俗成的規矩是，在朝拜二十別格後，會前往京都東寺和高野山兩地結願。

消火器

〔寫於遍路上的詩歌〕

有時候
無邊風雨
與萬丈塵沙
都無法阻擋的那個人
會為一朵花停下

有時候
以天地為棺槨
竹杖為碑碣
斗笠為墳塋的那個人
會為一個殘念而出發

有時候什麼也不為
縱使神明萬般承諾
千佛應許
也一無所求

既然路在
雙足在
既然塵世在
而你不在
「此去三千里，
跋山涉水，
且向虛幻之地一灑離別淚。」*

*最後一句乃日本著名詩人松尾芭蕉的俳句。
出自《奥の細道》〈旅立ち〉
「前途三千里の思い胸にふさがりて、幻のちまたに離別の涙をそそぐ。」

扎西拉姆·多多

阿洲北嶺
四国別格一番

大山寺

別格第1番：大山寺

別格（1）たいさんじ
山號：佛王山
宗派：真言宗醍醐派
本尊：千手觀音
地址：〒771-1320 徳島県板野郡上板町神宅字大山14-2
地點：距離遍路第5番地藏寺6.5公里／第6番安樂寺6.8公里

寺院在西元五百年由御宇西範僧都開基，以開運招福、男女結緣著稱。

這是佛法在古阿波國弘揚的最初道場、空海大師阿波入國之初。空海大師把中國惠果大師所贈的千手觀音像供奉在這裡。

在一一八五年，源義經在屋島合戰時，曾經登山祈願戰勝。

別格第2番：童學寺

別格 (2) どうがくじ
山號：東明山
宗派：真言宗善通寺派
本尊：藥師如來
地址：〒779-3232 徳島県名西郡石井町石井字城ノ内605
地點：距離遍路第12番燒山寺約19公里

空海大師幼年曾經在此處求學、遊玩、修行。據說，大師在這裡創作《いろは歌》，此歌後來成為日本民眾的啟蒙教育及文化的基礎。因為這個原因，寺院名為「童學」，寺內有很多大師的幼兒時期形象，而且祈福的主題都和學習相關。

童學寺現在的本尊，是大師在這裡親手雕刻的厄除藥師如來，屬於日本國家的「指定文化財」。

寺院境內有西國三十三觀音的代替像，供無法親身巡禮的人在這裡進行代替性的小朝聖。另外還有大師加持的聖水泉，傳說喝了可以治病。

在寺院的歡喜天堂前方，可以看到一座切支丹燈籠*。有關這種石燈籠的特殊歷史背景，在「第53番圓明寺」章裡已經說過。

隱密基督教燈台

* 切支丹：日本戰國時代、江戶時代乃至明治初期對日本國內基督徒的稱呼。該詞源於葡萄牙語「cristão」。

別格第3番：慈眼寺

別格 (3) じげんじ
山號：月頂山
宗派：高野山真言宗
本尊：十一面觀音
地址：〒 771-4505 徳島県勝浦郡上勝町大字正木字灌頂瀧 18
地點：距離遍路第 20 番鶴林寺約 19 公里

慈眼寺是別格第3番，同時也是遍路第20番鶴林寺的奧之院。

大師十九歲時巡錫本地，在深山深處發現鐘乳洞散發出妖氣，便在山洞入口處祈禱修行。在修法即將圓滿時，洞內突然衝出惡龍向大師突襲，大師就念誦真言，把惡龍封印在洞內深處，隨即親手雕刻十一面觀音安供洞內。

如果體力和時間充足，參拜寺院後可以要求嚮導帶領進入洞穴（視乎月份和天氣）。由於洞穴狹窄，入洞前必須在殿前標竿確認體形能夠通過。出發前，必須放下所有朝拜裝備，按照指示用鹽潔淨全身，遵守嚮導指示手持蠟燭穿越進入，最後在洞穴深處祈禱。朝穴全程大概需要二小時，並須付少量嚮導費（如果只有一人，必須付三千日円；兩三人則費用平攤）。

在寺院附近還有「御來仰之瀧」，是大師以前進行「瀧行」的瀑布。如果在晴天早上來到，可以看到五色水光，特別美麗。

別格第4番：八坂寺

別格 (4) やさかじ
山號：八坂山
宗派：高野山真言宗
本尊：空海大師
地址：〒775-0101 徳島県海部郡海陽町浅川字中相15
地點：距離遍路第23番藥王寺19.7公里

在空海大師開始了四國巡錫時，來到這裡遇到一位馬夫在運送鹽醃鯖魚，大師請求化緣，被馬夫汙言穢語地拒絕了。馬夫拉馬上坡時，馬兒突然無法前進，心覺有異，便求大師加持。在大師祈禱後，馬兒恢復正常。然後大師為鹽醃鯖魚加持，令其復活，馬夫便升起了信心，在此地建堂拜佛。因為這個典故，這裡的空海大師造型和平常的不同，手拿鯖魚，被稱為「鯖大師」，而八坂寺通常被稱為「鯖大師本坊」。當地傳統說，來此寺發誓戒吃鯖魚三年，病者痊癒、心願圓滿。

寺院的入口並無山門，而是由兩尊雕塑莊嚴的力

八坂寺通常被稱為「鯖大師本坊」

士露天守護。在本堂東邊山腹裡，是一個長八十八公尺的洞窟（万体不動尊奉安殿・鯖大師不動（觀音）洞），供奉釋迦如來佛足石、一萬尊不動明王，並設立四國八十八所、別格二十靈場、西國三十三觀音靈場的「砂踏」供朝拜者進行代替性的巡禮。洞穴裡還有「病魔退散添木」，可以填寫名字，根據自己的身體病疼，用梵咒印章蓋在木片小人的對應位置上，寺院將修不動明王護摩代為除障。此外，洞窟裡有時提供護摩灰供人請購，根據佛經開示，護摩灰用於家宅結界十分靈驗、魔邪不侵，朝聖者可按需購買。

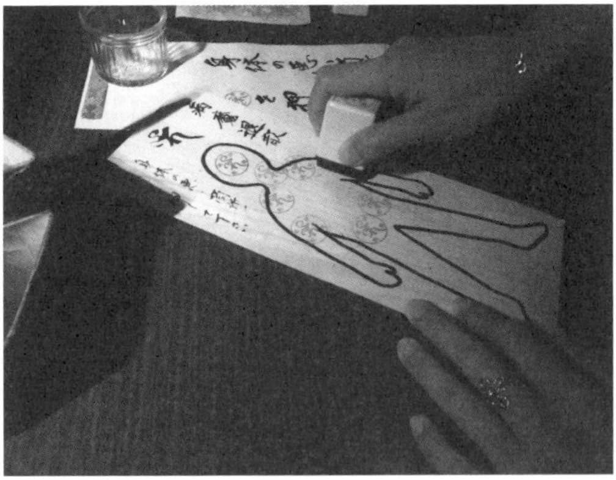

病魔退散添木

別格第5番：大善寺

別格 (5) だいぜんじ
山號：八幡山
宗派：高野山真言宗
本尊：空海大師
地址：〒785-0009 高知県須崎市西町一丁目 2-1
地點：距離遍路第 36 番青龍寺 25.3 公里

在古代，前往此處必須途經山路、潮退時才可以行走的兩個石岬端，常年發生致命的意外。同時，由於這地點屬於伊予石鎚山末端，有很多不吉祥的怪事頻繁發生。為了在海岸大岩上超度海難死者，也為往來者祈願安全，空海大師建立此寺，自始災難減少。因此，這裡的大師像被稱為「二石大師」。兩座大岩石歷經長年海浪打磨侵蝕，現在只剩下一個小丘形的遺跡。

大善寺是四國唯一提供根據大師所傳祕法加持的吉祥鹽的寺院；這種鹽可以用來進行家居結界辟邪，也可以用來服用，據說有「除災招福，諸難消滅」的靈驗功效。

四國唯一提供根據大師所傳祕法加持的吉祥鹽

別格第6番：福壽寺

別格 (6) ふくじゅじ
山號：臨海山
宗派：高野山真言宗
本尊：十一面觀音
地址：〒 798-0036 愛媛県宇和島市天神町 1-1
地點：距離遍路第 40 番觀自在寺 40.3 公里

除了是別格的第6番以外，福壽寺同時也是遍路第40番觀自在寺的奧之院。寺院由空海大師親自建立，本來寺名是「龍光院」；在西元一六三八年，大覺寺二品親王到臨朝拜，因欣賞此地風光明媚而賜「臨海山福壽寺」號，從此兩個寺名並用。

在一九九〇年，寺院從中國四川請來除災招福大觀音石像，放於山頂。沒有時間登山的人，可以站在寺院內的「遙拜石」上對觀音隔空朝禮。

「遙拜石」是
遙拜除災招福大觀音之處

別格第7番：出石寺

別格 (7) しゅっせきじ
山號：金山
宗派：真言宗御室派
本尊：千手觀音
地址：〒799-3462 愛媛県大洲市長浜町豊茂乙 1
地點：距離遍路第 43 番明石寺 14.4 公里

西元七一八年，住在宇和鄉田中莊的獵人作右衛門，在狩獵時遇見一鹿，他逐鹿登山，以為射殺成功，此時全山震動放光，鹿本來站著的岩石分成兩半，地中湧出放著金光的千手觀音像。獵人目擊這情況後，從此放棄殺生，虔誠信佛，以佛像作為本尊建寺，命名為「出石寺」。

相傳空海大師在平安時代的前期，冬天會在這裡進行雪中修行。大師讚歎這裡是「三國無雙的金山」，寺院的山號由此而來。

別格第8番：永德寺

別格（8）えいとくじ
山號：正法山
宗派：真言宗御室派
本尊：彌勒菩薩
地址：〒795-0064 愛媛県大洲市東大洲 1808
地點：距離遍路第 43 番明石寺 25.5 公里／第 44 番大寶寺 51.3 公里

遍路文化裡有一個傳統：「凡是過橋，杖不點地」。這個傳統正是出自永德寺。

在空海大師巡錫四國的年代，永德寺地區只是一個未開發地區，可投宿的地點很少。大師經過的時候，已經一整天沒吃過東西，也找不到地方投宿，只好在小川的土橋下野宿，感覺一夜好像十夜那麼漫長痛苦。從此，這條橋被稱為「十夜橋」（十夜ヶ橋），後世的人過這條橋乃至後來延伸至過任何橋時，為了不打擾驚動到可能在橋底休息的大師，所以都會安靜路過，杖不點地。

由於這個聖跡的關鍵是橋底，寺院的本身並不大，只是一座一三八一年前後所建、位於路邊的小殿堂。此後又因為曾經經歷火災，紀錄被燒毀了，歷史有點不詳。現在的本堂是一八四六年重建，前幾年颱風再度受損，最近又經歷過一些修復。

除了在殿堂參拜以外，朝禮的關鍵在於橋底。如果喜歡，可以在納經處請購小型的棉被，拿去橋底供養給大師。在〈如何朝聖〉章節中曾經提到過，由於可能涉及擾民，現代的遍路並不太適合露營，可是這裡是一個例外。為了紀念大師，這裡橋底是「四國靈場唯一野宿修行道場」，有興趣的人在徵求納經處同意後便可紮營。

馬路對面是十夜橋食堂，售賣的名物稱為「野宿糖」（野宿飴）。雖然其實和大師關係不大，純粹噱頭性質，不過反正也不貴，路過時不妨一試。

在橋底休息的空海大師

別格第9番：文殊院

別格（9）もんじゅいん
山號：大法山
宗派：真言宗醍醐派
本尊：地藏／文殊菩薩
地址：〒791-1134 愛媛県松山市恵原町308
地點：距離遍路第47番八坂寺1公里

在「四國遍路概說」一章中，已經介紹過遍路開祖衛門三郎的故事；在「第12番燒山寺」一章中，介紹了三郎臨終遇到大師的地點，即後來的杖杉庵；「第51番石手寺」介紹了他的轉世嬰孩出生手握的石卵；而別格的第9番文殊院（亦作「文珠院」），就是衛門三郎的故居改建而來的。

在寺境中，可以看到衛門三郎作為遍路開祖的雕像，和有關他的生平的浮雕。在衛門三郎像的周圍，是八十八寺、二十別格的「砂踏」。

在寺院的流通處，可以看到衛門三郎的生平畫傳，也可以買到相關漫畫。

在寺院的周邊，還有衛門三郎子女的墳墓（八塚），和空海大師被他打碎的僧缽落地處湧出的加持水（八窪）。

衛門三郎的生平相關浮雕

別格第10番：西山興隆寺

別格 (10) にしやまこうりゅうじ
山號：佛法山
宗派：真言宗醍醐派
本尊：千手觀音
地址：〒 791-0505 愛媛県西条市丹原町古田 1657
地點：距離遍路第 59 番國分寺 17.3 公里

寺院在西元六四二年由空鉢上人開創。除了空海大師，著名高僧行基菩薩、報恩大師都曾在此地修行，因此廣受歷代皇室、武將尊崇。

在寺院境內，有很多國、縣指定的文化財，還有三重塔、溪流、紅葉參道、不動瀧等等名勝。

如果經過預約，還可以享用這裡的名物——山菜精進料理及湯豆腐。

〔寫於遍路上的詩歌〕

世間的悲喜本不相通
歲月的深河各自泅渡
卻偏偏被命運欽點
要你我
以跋涉之姿
走向彼此

那就愛吧
至少燃燒的那一刻不荒涼

那就愛吧
至少微笑的那一刻不倔強

扎西拉姆·多多

別格第11番：正善寺

別格（11）しょうぜんじ
山號：生木山
宗派：高野山真言宗
本尊：生木地藏
地址：〒 791-0503 愛媛県西条市丹原町今井 141-1
地點：距離遍路第 59 番國分寺 17.3 公里

空海大師巡錫四國經過四尾山山麓，就寢時看到山上的大楠樹散發著紫雲光，然後化為童子相，對大師給予開示。在顯靈後，大師當晚就以頂禮三遍才刻一刀的方式，在樹身上刻出了「生木地藏」像。在一九五四年，這棵老樹被颱風吹倒了，然而菩薩像完美無損。在寺院境內現今仍能看到老樹的殘餘，菩薩像則被切割下來，供奉於本堂內，據說朝拜這尊聖像能治癒耳朵方面的病患。

在寺境內，還有一塊雕著「南無阿彌陀佛」的石頭，稱為「雨乞石」。在古代，如果遇到旱災，當地居民就會在此石和菩薩像之間的空地上焚燒祭品，齊誦佛號，祈禱降雨。

雨乞石

別格第12番：延命寺

別格（12）えんめいじ
山號：摩尼山
宗派：真言宗御室派
本尊：延命地藏菩薩
地址：〒799-0711 愛媛県四国中央市土居町土居895
地點：距離遍路第64番前神寺27.4公里

延命寺由在四國巡錫的行基大師開創於奈良時代，到了平安時代前期，空海大師在此親手種下了松樹。到了明治時代，這棵老樹長到像傘蓋的形態，東西寬三十公尺公尺，南北寬二十公尺，它一直活到一九六八年才壽終正寢，自然枯萎，在寺院境內展示著它的殘餘樹幹。

空海大師在這裡看到百姓病痛很多，便發明了一種叫「千枚通」的可服用薄紙片，上面印著佛號，命人和水吞服，傳說特別靈驗。因此，這裡稱為「千枚通本坊」。在前面「第78番鄉照寺」中，提到該寺是「千枚通元祖」，兩者並無矛盾：延命寺是大師始創的佛號版千枚通，鄉照寺的是「南無大師遍照金剛」版本，兩者並不一樣。

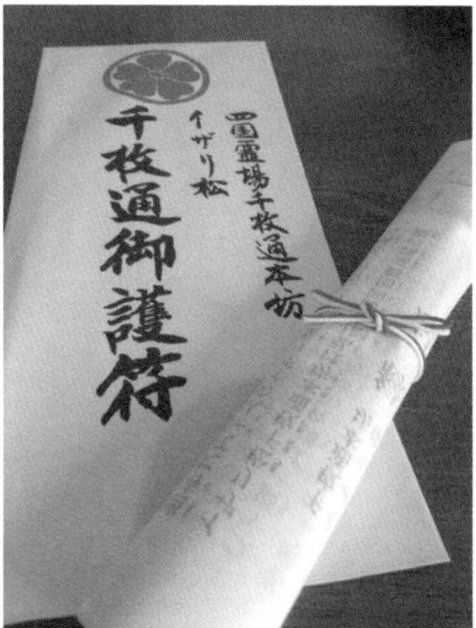

「千枚通」是可服用的薄紙片

別格第13番：仙龍寺

別格（13）せんりゅうじ
山號：金光山
宗派：真言宗大覺寺派
本尊：空海大師
地址：〒799-0301 愛媛県四国中央市新宮町馬立1200
地點：距離遍路第65番三角寺4.1公里

西元八一五年、大師四十二歲登山，受到指引於金剛窟啟建息災護摩壇，連續二十一天修法，誠心祈願開運、除厄、五穀豐登。在法會圓滿後，大師雕刻了自己的形象安置山中，被稱為「厄除大師」、「蟲除大師」。

別格十四番

椿　堂
本坊常　福　寺

別格第14番：常福寺

別格（14）じょうふくじ
山號：邦治山
宗派：高野山真言宗
本尊：延命地藏菩薩／非核不動尊
地址：〒 799-0127 愛媛県四国中央市川滝町下山 1894
地點：距離遍路第 65 番三角寺 4.1 公里

西元八一五年，巡錫中的空海大師到訪此庵。當時這裡爆發了瘟疫，大師召集住民來此，將手杖插在地上祈禱，以神通法力把疫症封印在地下。此後，大師的手杖生出幼芽，村民就以此杖長成的椿樹作為參拜對象，並將這庵改名為「椿堂」。

在一八五九年，寺院曾遭遇火災，現在的椿樹是火災後新長的芽。

常福寺供奉雙本尊，其中的大聖不動尊，由於是特別為了祈願世界廢除核武而奉，稱為「非核不動尊」。

唯一被稱作「堂」的寺院

別格第15番：箸藏寺

別格（15）はしくらじ
山號：寶珠山
宗派：真言宗御室派
本尊：金毘羅大權現
地址：〒 778-0020 徳島県三好市池田町州津蔵谷 1006
地點：距離遍路第 65 番三角寺 19. 1 公里

在西元八二八年，空海大師感受到這裡散發著異常的靈氣，就登山視察。在山上，金毘羅大權現向大師現身，請求大師濟世利民，「凡手拿筷子的人都請您救度」，換句話說，也就是請大師救度全國人民。

在受到金毘羅神的託付後，大師便雕刻了神像，並建立七堂伽藍，由此開創箸藏寺，一千多年來吸引了無數信眾前來參拜。

寺院位於山上，現在的人通常乘坐索道纜車上山。由於其悠久歷史，寺院中的本殿、護摩殿、方丈、藥師堂、鐘樓、天神社共六座古建築，被國家認定為「重要文化財」，其觀音堂則被評選為縣級的「有形文化財」。

此外，根據「天狗運箸」傳說，讚岐金刀比羅宮祭祀時所用筷子，傳說是箸藏山的天狗由此地運送至金刀比羅宮，因此箸藏寺亦是金刀比羅宮的奧之院。

在這裡，可以請購加持過的筷子，和天狗主題的各種護身物。

箸藏寺古鐘樓國家認定為「重要文化財」

別格第16番：萩原寺

別格（16）はぎわらじ
山號：巨鼇山
宗派：真言宗大覺寺派
本尊：伽羅陀山火伏地藏
地址：〒769-1614 香川県観音寺市大野原町萩原 2742
地點：距離遍路第65番三角寺19.1公里

這座空海大師開創的萩原寺，以護摩著名，同時也保存了「法華曼荼羅圖」、空海大師墨寶等等許多珍貴寺寶、文物。除了空海大師親刻的本尊外，寺院還供奉弁財天、泰平大黑天等聖像。此外，寺院的胡枝子也特別有名（日文稱為「萩」），每年固定9月還舉行古董露天市集，比較熱鬧。

別格第17番：神野寺

別格（17）かんのじ
山號：五穀山
宗派：真言宗善通寺派
本尊：藥師如來
地址：〒766-0024 香川県仲多度郡まんのう町神野 45-12
地點：距離遍路第 75 番善通寺 12.5 公里

西元八二一年，空海大師受命於嵯峨天皇修建大型水利工程——滿濃水庫。為了守護水庫，大師便在此地建立神野寺。因此，神野寺也有「築池靈場」之稱。

寺院曾經在戰亂中被燒毀，在一段很長的時間裡荒廢；本來的本尊觀音像被移到近鄰惠光寺供奉。在一九三二年，為了紀念空海大師入定一千一百年，當地組織提出復興神野寺計畫，經多年，最後在一九五五年圓滿竣工。

現在的寺院建築位於滿濃池西北岸，不設山門，也沒有大師堂；在本堂左邊階梯上，有一尊面向滿濃水庫，三點三公尺高的大師銅像，稱為「滿濃池大師」。

一千兩百年前的滿濃池大型水庫

別格第18番：海岸寺

別格（18）かいがんじ
山號：經納山
宗派：真言宗醍醐派
本尊：聖觀音／空海大師誕生像
地址：〒764-0037 香川県仲多度郡多度津町大字西白方997-1
地點：距離遍路第71番彌谷寺3.6公里

海岸寺是空海大師出生聖地，因傍海而得名。

大師的母親曾夢見天竺聖僧乘五色祥雲入懷，之後就懷孕了。遍路第75番善通寺是大師父親的家，所以通常被尊為大師的生地。然而，另一種說法是，大師其實是在母親的娘家出生，即現在的海岸寺所在。由於這個典故，許多人認為，參拜這裡本堂，等同到高野山本山金剛峰寺、奧之院參拜。

寺院的山門比較有趣：這是山門、鐘樓二合一的設計，而兩尊守門的力士則以兩位歷史上有名的當地相撲手宇草貞雄、大豪久照銅像代替，乃全國唯一這樣的設置。

寺院的本尊是觀音和大師的嬰孩相的聖像，其他可以參拜的地方還有大師的產屋、大師出生時放熱水的產盥石、大師親自手書的光明真言石等等。從大師母親的別館佛母院，可以看到瀨戶內海的絕美景觀。

在朝拜產盥石的時候，尤其必須記得求取少許曾經放在石池內的「御洗米」加持品。

曾放在空海大師出生時熱水池內的米

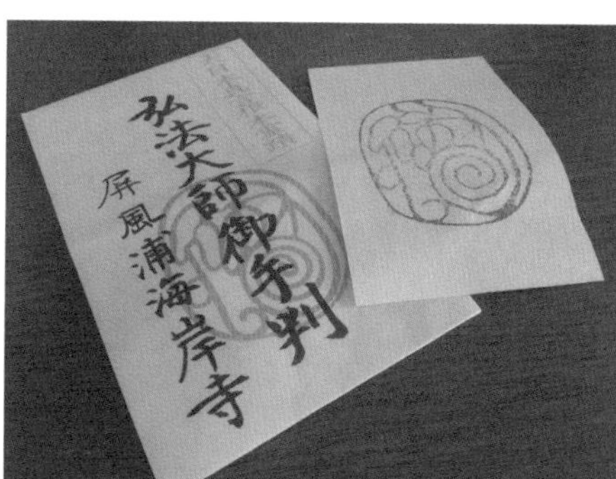

空海大師指紋御守

別格第19番：香西寺

別格 (19) こうざいじ
山號：寶幢山
宗派：真言宗大覺寺派
本尊：地藏菩薩
地址：〒 761-8015 香川県高松市香西西町 211
地點：距離遍路第 82 番根香寺 4.6 公里

寺院由行基大師開創。到了平安時代初期，空海大師再建並移至現址，並親自雕刻地藏菩薩像安放在此。

這座寺院曾經多次移建、重修，先後命名為「勝賀寺」、「地福寺」、「高福寺」，和現在的「香西寺」。由於多次失火，現在建築僅為寺院古代全盛時期的一小部分。本堂的天花板畫上了很多不同的家徽，很有特色。

香西寺本堂的天花板有各式家徽

別格第20番：大瀧寺

別格（20）おおたきじ
山號：福大山
宗派：真言宗御室派
本尊：西照大權現
地址：〒779-3638 徳島県美馬市脇町字西大谷674
地點：距離遍路第82番根香寺4.6公里

大瀧寺和遍路的第88番大窪寺有密切關係，有所謂的「東大窪、西大瀧」的說法。寺院位於九百四十公尺的大瀧山上，是別格二十寺裡的最高海拔寺院。

這所寺院曾經得到過好幾位大師的駐錫：早在西元七二六年，行基大師在這裡建寺，安奉彌陀三尊；到了後來，空海大師四十二歲時，為了幫助現世男女消除厄難、萬民安樂，在這裡安奉了西照大權現的尊像，並在石上書寫了《法華經》；到了八五八年，理源大師又登山種植高野槙，並修持了消除男女厄運的大型護摩法會。因此，這座寺院特別以男女除厄著稱。

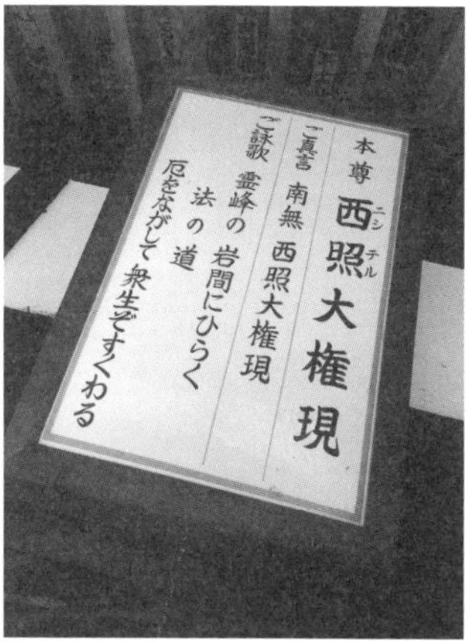

大瀧寺的本尊是日本本地神明

〔寫於遍路上的詩歌〕

菩薩救拔的
都是願意自渡的人
泅渡時你要知道
此岸、彼岸、乃至河底
都是諸佛的懷抱
普渡時你要知道
伸手、放手、以及袖手
端看眾生的因緣

扎西拉姆·多多

高野山

高野山（こうやさん）
山號：高野山
宗派：高野山真言宗總本山
本尊：阿閦如來
地址：〒 648-0211 和歌山県伊都郡高野町高野山 132

高野山，是位於和歌山縣群山中的一個地域，是高野山真言宗的總本山。整個區域有一百多座寺院。這裡同時也是古代流放地，許多知名武士都曾因不同的原因而被流放到此。

在西元八一六年，空海大師在此修行，並建立了金剛峰寺，後來逐漸發展，形成高野山真言宗總本山。在全盛年代，整個山中的寺院逾六百座，後來合併為一百多座。在二〇〇四年，高野山被聯合國教科文組織登記列為世界文化遺產。

山門

大部分遊客搭乘纜車上山，不會經過山門。可是，高野山山門其實十分值得一看。

這座大門建於一七〇五年，是五間三戶二階二層結構的雙重樓門，高二十五公尺，僅次於日本最大山門——二十五點四六公尺的東大寺南大門。

大門兩側的力士塑像，出自江戶時代兩位著名的雕刻師康意、運長之手，高五公尺，為日本第二高的仁王像，僅次於奈良東大寺南大門。

門前紅色柱子上掛有一對對聯「不闕日日之影向，檢知處處之遺跡」，乃第九十一代後宇多天皇題字，意思是說大師每日由御廟出現身姿，巡視高野山各處，聞聲救苦。

金剛峰寺

在最初，「金剛峰寺」原指包含大門、各堂、幾百寺院等的整個高野山範圍。可是在現代，這是狹指與豐臣秀吉有關的一座古建築。

金剛峰寺初建於西元九世紀，可是曾多次遭遇火災，現在建築乃四百年前重建，仿效中國宮殿式建築的住宅。大主殿的「柳之間」是豐臣秀吉的養子秀次切腹自殺的地方。當年豐臣秀吉以為自己大概不會有孩子，便以秀次當養子、繼承人，沒想到秀吉後來五十多歲時得一子，秀次洞悉危機，自己主動到高野山避世，可是最後仍被秀吉下令自盡，以絕後患。

壇上伽藍

傳說大師從中國以神通拋出自己的金剛杵，並許願在落地的有緣處建寺弘法。

後來大師歸國後，一次在高野山上一棵松樹上找回了他的杵，便認定這裡就是有緣地，在此開創真言宗的根本道場。壇上伽藍的「三鈷松」，便是當年那棵樹，現在尚存。

「伽藍」是佛教用語，源自於印度梵文，指僧侶修練或講學的地方。壇上伽藍有上千年歷史，是高野山的核心之地，範圍內建有多處佛堂，其中最矚目的是根本

壇上伽藍的根本大塔

高野山山門

大塔、金堂：根本大塔高四十九公尺，是日本首座多寶塔，而且晚上也可以從外部觀賞，在夜間燈光下能觀賞與白天截然不同的景觀。金堂位於伽藍中心位置，為高野山的總本堂；其他還有御影堂、東塔、西塔、不動堂等等。

奧之院

奧之院是一座四周環繞佛教墓地的寺廟群。這個墓園是世界最大，據說有約二十萬個墓碑。

金剛峰寺

圍繞奧之院的二十萬座墓碑

在大師教會抄經

前往奧之院中的御廟，必須沿著兩公里長的小路步入墓園區，兩旁都是高聳入雲的千年古樹，氣氛莊嚴肅穆。許多墓碑實為一些知名企業的員工集體慰靈碑，還有很多是歷史名人、大將等等。在小路的盡頭是一條橋。過了橋以後的範圍，都是嚴禁攝影和飲食的。

御廟內掛滿多達數萬個燈籠，其中有兩盞已點燃近千年。在建築的背後是空海大師的入定室。西元八三五年，大師在此處入定（根據真言宗信仰，大師並非圓寂，而是入定等待彌勒菩薩降臨），世壽六十一歲。

大師教會

作為遊客，很多人會忽視了這座現代建築，其實如果作為朝聖的話，這裡提供一些有意義的宗教活動。在辦公時間內的任何時候，都可以來申請抄經，只要給一個金額不高的志納金，自己當場抄好的經文會奉納在奧之院。此外，差不多每小時都會舉辦一次皈依、授十善業戒的法會，隨時可以報名參加。

十一　從利益眾生的角度出發

——遍路見聞有感

扎西拉姆．多多

有一陣子，日本一家麵店將《心經》印在麵條上，結果大受歡迎的消息傳到了中國，引起了熱議。尤其是中國的佛教徒，對此不滿者有之，鄙夷者有之，多覺得是對經典的大不敬，紛紛慨歎日本佛教的衰敗。

這麼做是否如法？有多大的過失？在行為上需要律宗專家或者了知三世因果的成就者才有資格去評論。而在發心上呢，其實我是相信，這麼做絕非出於日本人之惡意的，更不是為了侮辱佛教或者佛教徒。

為什麼這麼肯定？這跟我五次日本佛教朝禮巡拜之路上的所見所聞有關。

先給大家看看我在日本拍到的各種「奇葩」佛教元素產品吧，出品方還都是寺院本身，而不是「發宗教財的無良商家」，而購買者也大多是朝聖路上的佛教徒，而且頗受歡迎。所以哪怕從銷售的角度去看，也很容易可以想像，設計者和出品方發心並非惡意，而是出於了解到朝聖者的喜好而為之……

圖1是以空海大師形象設計的——挖耳勺，在我們看到這多少是一種「不潔」的用途吧！

圖2是印有空海大師卡通形象的餅乾，嗯，要把大師吃下去、又拉出來的。

圖3是觀世音醬油，是要被放置在廚房這種油煙甚至殺生之地的。

圖4是高野山的寺院送的印有高

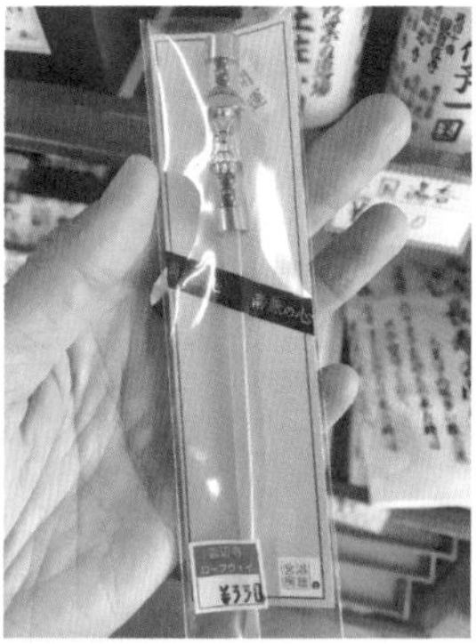

1- 空海大師挖耳勺

2- 空海大師餅乾

野山徽號和空海大師徽號的糖餅，用作配抹茶的茶點。

除此以外，日本佛教還很喜歡將佛像、佛經、咒字印在衣服、帽子、包包、居士海青、手杖，甚至頭巾、枕巾上，認為那是無處不在的加持，若是朝聖者還非得那麼穿不可……

這些有著神聖形象、名號和元素的產品，作為來自中國的佛教徒，我自然是不會購買，能免則免，當敬則敬。可是，在朝聖的路上，還有著很多你實在無法避免的「加持」：

例如高野山上，前往最神聖之地——空海大師肉身供奉處的奧之院，有一條必經之路，是一座石橋（圖5），寺院為了加持過往信徒，在橋底下的石板裡裝滿了各種經文和密

3- 觀世音醬油

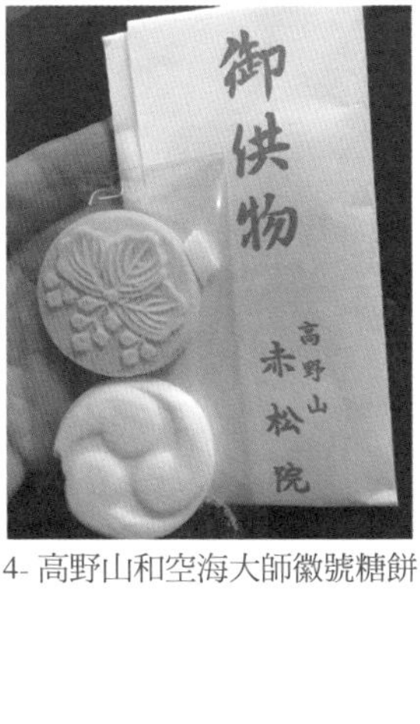

4- 高野山和空海大師徽號糖餅

5- 通往高野山奧之院的石橋

咒，信徒必須踩著過去。

還有很多寺院修建有專門的去除厄運的階梯（圖6），也是階梯石板下裝滿了經咒，叫做「厄坂」，乃是進入寺廟的必經之路，信徒相信踩過去之後便厄障平除，健康平順了。

在中國佛教徒看來，將經咒踩在腳下，那是非常大的過失，對於正法，即使是四句以上的句義，都應當遠離不恭敬，而且對正法的所依——經書，應當斷除一切不恭敬的行為，譬如，以經書作為抵押，作為商品出賣，將經書放在地上或者有灰塵、不安穩的地方，將經書與鞋襪一起持拿，以及跨越經書等。

那麼日本的佛教徒將經咒鋪在腳下又是出於什麼考慮呢？假如我們的內心足夠開放和良善，假如我們對日本文化沒有先入為主的偏見，再加上我們知道這些做法乃是出自日本名門正派的大廟、公認的祖庭，而不是什麼旁門左道的原始信仰，那麼我們最起碼可以對這種已經存在千年的現象，選擇一個最善意的角度去理解——

中國人「對待」三寶，是從眾生應該如何恭敬三寶的角度出發，去規範自己的言行舉止，提升自己的道德水準。日本人「運用」三寶，是從諸佛菩薩如何利益眾生的角度出發，去使眾生獲得福澤，

6- 厄坂

充分發揮佛菩薩的利生功德。中國人對佛菩薩的感覺，大多如同帝王、天神，各種不可侵犯，高高在上。日本人則沒有強調於此，菩薩利益眾生，何有高貴卑下之分，於行旅者作路橋，於饑餓者作飯食，「種種承事，種種供養，如敬父母，如奉師長，及阿羅漢，乃至如來，等無有異。於諸病苦，為作良醫，於失道者示其正路，於暗夜中為作光明，於貧窮者，令得伏藏。菩薩如是平等饒益一切眾生」（《普賢行願品》）這本就是菩薩的發心，所謂「欲為諸佛龍象，先做眾生牛馬」。可以想見，日本佛教的種種「奇葩」做法，其實不是從眾生的角度出發的，是從菩薩的角度出發，只要眾生歡喜，只要眾生能得加持，他們覺得可以大開方便法門。

但在這裡，我其實也並不是要推崇日本佛教的種種做法。一切形式、外相，都是要與當地文化「應機而行」的，佛法傳播到印度以外的不同國度，無不是與當地文化充分結合，才得到了扎根與傳承。不見得所有人都需要去理解與認可跨文化的現象，更不是可以不顧文化差異，盲目推廣之的。撰寫此文，僅是想分享一些參訪見聞，陳述一些地域的差異，更是想盡可能地讓自己學會相信——無論外在表現形式如何的不同乃至相違逆，其實內在的發心仍然有可能是善良、美好、可愛的，而我，選擇相信良善。在文化差異面前，也許更能讓我反思，什麼才是佛法的真義——那超越表象與載體的真如實相。因為唯有如此，在不同的國度朝聖、參學，才具有了比獵奇更為深刻的意義。

〔寫於遍路上的詩歌〕

那些有名字的苦
被記載　被注釋　被傳講的苦
都輕薄如紙
一捅就破

那沒有名字的苦
無相狀　無目的　無因由的苦
才濃重似墨
破箋難書

我不過是想做一個命名者
我不驅逐你，不
甚至我想靠近你
在一臂之遙處

扎西拉姆·多多

四国六番安楽寺
弘法大師
これよ

〔附錄〕

遍路豆知識

＊山門／三門／仁王門／二王門

即佛寺的外門、寺院正面的樓門。過去的寺院多居山林，故名「山門」。在古代，山門是很大的建築，上面還有佛殿，供奉報身佛及十六阿羅漢等。後世寺院雖或造於平地、市井中，山門亦有所簡化，但仍沿用此稱呼。山門通常有三個門，象徵「三解脫門」，即空門、無相門、無作門，故亦稱為「三門」。今之寺院或僅有一門，仍稱「三門」。同時，供奉左右兩金剛力士的山門，也稱為「仁王門」或「二王門」。

＊山號

日本寺院的山門上，大多掛有一個牌匾，上面寫著該寺的山號，例如東京知名旅遊景點淺草觀音寺的牌匾上寫的是「金龍山」。

日本佛寺的山號來自中國禪宗，和地理所在沒有必然關係；哪怕在鬧市一個住宅樓一個小單元裡的小佛堂，通常也有個山號（也有例外情況，如奈良東大寺就不設山號）。

山號可以是真正地名，如遍路第64番前神寺確實背靠當地的石鎚山；或根據寺院典故起名，如遍路第18番恩山寺的山號是「母養山」，這是因為寺院和空海大師對母親盡孝典故相關；或沿用印度佛教地名，如遍路第20番鶴林寺以佛經地名「靈鷲山」起山號，並非當地實際地理山名；此外，還可能以該寺院的本尊來起山號，譬如遍路第17番井戶寺、第23番藥王寺的本尊都是藥師如來，其山號分別為「琉璃山」、「醫王山」。

寺院山號常常有出現重複的情況，不足為奇，如遍路第23番藥王寺、第35番清瀧寺、第46番淨瑠璃寺、第74番甲山寺、第88番大窪寺，山號都是「醫王山」。

＊八十八寺所屬宗派

遍路寺院都和真言宗祖師空海相關，可是由於歷史變遷，並非所有寺院現今都屬真言宗：

・臨濟宗——第11番藤井寺、第33番雪蹊寺
・曹洞宗——第15番國分寺
・天台宗——第43番明石寺、第76番金倉寺、第82番根香寺、第87番長尾寺
・時宗——第78番鄉照寺

此外，屬於真言宗的八十座寺院，分屬不同支派。

然而，由於四國和空海大師的深厚歷史淵源、大師對當地的重大貢獻、當地百姓歷來對大師的虔誠信仰，哪怕現今不屬真言宗的八寺，其大師堂仍然是供奉著真言宗祖師空海，前往參拜的人也大多依照真言宗儀軌進行祈禱。

＊關所

四國遍路文化裡，有幾座寺院被視為「關所」，每國各一。傳說心靈不淨、身帶罪業者，如不誠心懺悔，到了這些關卡便無法繼續前行遍路。

・四國總關所——第19番立江寺
・阿波國關所——第19番立江寺
・土佐國關所——第29番國分寺
・伊予國關所——第60番橫峰寺（另說：第48番西林寺／第65番三角寺）
・讚岐國關所——第66番雲邊寺

＊國分寺

在古代令制國制度下，每個行政區都有一座全稱「金光明四天王護國之寺」的寺院，簡稱「國分寺」。全國的六十六座國分寺均以奈良東大寺為總本山，屬皇家寺院性質。到了後來，由於體制鬆弛、官方財政無法繼續支持，大部分地方的國分寺凋零、荒廢，其中一部分卻以不同宗派管轄、獨立運作的形式延續至今。

八十八寺裡的第15番、第29番、第59番、第80番，分別為古阿波國、土佐國、伊予國、讚岐國的國分寺。到了現代，這些寺院雖然寺名不變，實際和東大寺不再有從屬關係，性質和其他普通

寺院基本相當。

＊御接待

「お接待」是四國本地的獨特傳統，即照顧朝聖的人的意思。這包括提供無償幫助、請吃飯、送禮物，甚至提供免費住宿等等禮遇、供養。由於其意義在於供養空海大師，除了順風車、安全隱患外，朝聖者原則上不得拒絕，以讓別人能經由給予禮遇而累積供養空海大師的功德。在遇到別人給予御接待時，正確禮儀是道謝，並以自己預先填好的納札回贈。

＊百度石

發願朝拜寺社百次是日本佛教、神道的一個傳統，因此，有些寺社就會立這種基石，從此石碑到大殿台階算一次，如此往返一百次，作為「參拜百次」的定義。

＊佛足石

在許多日本寺院，包括遍路上的若干寺院，都能看到有個大足印的石碑，供朝聖者瞻仰、參拜、頂禮、觸摸。這是印度佛教信仰的標誌，代表釋迦牟尼的腳印。佛足崇拜在中國古來就有，可是似乎不如日本流行。

＊賓頭盧尊者

梵文 Piṇḍola Bhāradvāja，是佛陀的十六阿羅漢弟子之一；在漢傳佛教中被稱為「坐鹿羅漢」，號稱「獅子吼第一」、「福田第一」。尊者本是古印度憍賞彌國宰相之子，後出家而證得阿羅漢果；經書記載，賓頭盧常以神通力、發獅子吼音護衛正法，故被佛陀授為弟子之中「獅子吼第一」。佛陀讓賓頭盧長期住世，不入涅槃、廣受供養，讓末法時代的人可以培養福報。因此，日本很多寺院，在大殿迴廊都供賓頭盧像，讓人瞻仰、朝拜；傳說，如果身體哪裡有病，就觸摸羅漢像的身體同處，然後觸摸自己，有加持康復的靈應。

＊三信條

這是遍路朝聖的精神規範：

①堅持「攝取不舍」之誓願，堅定「同行二人」之信仰。

②途中凡事皆視為修行，不作抱怨。

③深信大師及朝聖之靈驗利益，消滅八十八種煩惱。

＊十善戒

這是遍路朝聖的行為規範：

①不殺生。

②不偷盜。

③不邪淫。

④不妄語。

⑤不綺語。

⑥不惡口。

⑦不兩舌。

⑧不慳貪。

⑨不嗔恚。

⑩不邪見。

＊砂踏

「砂踏」（お砂踏み），是代替四國遍路一種小型朝聖活動，其常見形式是在某處永久或臨時性地設立八十八個朝拜點，供起八十八寺各自的本尊像，和八十八尊空海大師像，在地面安置來自該寺的砂土，讓朝拜者次第參拜。

＊先達

先達如果翻譯出來，就是「前輩」的意思。可是，在遍路文化上，這通常狹義指經過靈場聯合組織考核認證的「公認先達」。「公認先達」需要起碼完成過四遍遍路，並有八十八寺其中一位住持背書推薦，再參加學習、經過考核才能被認證。被認證的先達被授予先達半袈裟和紅色的先達錫杖，在路上常常會遇到。先達有弘傳遍路知識的義務和誓言；如果對朝聖流程、傳統有任何不明白的地方，在遇到他們時諮詢請教，並不會被視為添麻煩、滋擾。

＊千枚通

這是一張一張能吃的薄紙片，上面印了文字、咒語或佛像；其用法是在有病痛時，祈禱後用水內服；其緣起有不同說法，如：由空海大師始創、因一遍上人夢到空海大師傳授而始創……等等。據說最初版本只有「南無阿彌陀佛」、「南無大師遍照金剛」兩款，但後來演變出梵咒、菩薩圖像、其他本尊名號多種不同版本。

佛足石

百度石

千枚通

很多寺院都發行千枚通，比較有代表性的是：

- 真言宗祖庭高野山版
- 真言宗祖庭京都東寺版
- 空海大師生地遍路第75番善通寺版
- 千枚通元祖遍路第78番鄉照寺版
- 千枚通本坊別格第12番延命寺版
- 遍路第73番出釋迦寺的萬願御守

＊厄年

中國人有犯太歲年倒楣之說，譬如本命年，和按照屬相計算出來的其他太歲不良影響。日本的平安年代貴族圈裡，本來也是有本命年倒楣的信仰的。到了後來，逐漸被厄年信仰取代。

厄年會倒楣、多災多難，這點和太歲的概念差不多。可是，厄年並不按屬相、流年計算，純粹就是看歲數而已。男性的厄年是虛歲計算的二十五、四十二、六十一歲，女性是十九、三十三、三十七歲。這些年是本厄，其前後是前厄、後厄，也是不好的。簡單說，一生中會遇到三次，每次前後三年；其中男性以四十二、女性以三十三那輪為最嚴重。

遇到厄年，日本人會去神社、寺廟舉行除障，並佩戴除厄護身符等等。在一些佛教寺院還有「厄坂」。這是一級一級的階級，遇到厄年的人準備好錢幣，從山腳往上走，每一級放一個銅錢，直到走到自己年齡那級為止，類似轉運的意思。

＊役行者和修驗道

役小角是日本動漫影視文化裡常常直接或間接出現的角色，譬如在《鬼神童子》中，設定役小角為女主角役小明之祖先。

歷史上的役小角，是今奈良縣人，他是飛鳥時代的知名咒術師。相傳在山野中苦行，以松葉、草蕨為食，修成《孔雀明王法》，擁有飛行等等神通能力。史料中，在《續日本紀》和《日本現報善惡靈異記》中，都有和他相關的歷史記載。

到了平安時代，由於山嶽信仰的興盛，朝廷追贈「行者」尊稱；到了江戶年代，光格天皇敕謚「神變大菩薩」。

役行者是日本修驗道的開祖，與佛教的空海大師、陰陽道的安倍晴明並列為「史上三大天師」。

所謂「修驗道」，即受佛教和山嶽信仰影響、利用苦行鍛鍊自我的修行方式。修驗道的信徒在山林之間苦練修行，藉以獲得神證之力，有「山嶽佛教」之稱。它既屬單獨一種宗教的性質，同時也被視為日本佛教的旁支。

役行者和修驗道，有自己的「役行者靈跡札所」巡拜系列，分布在奈良、大阪、京都一帶，並不包括四國。然而，在四國也有若干寺院由役行者創立或與其相關，同時還有一些修驗道的聖地、道場。

＊西國三十三觀音

這是關西地區的一條一千三百年歷史、跨度一千四百公里的巡拜路線，因歷史悠久、傳說靈驗，和四國八十八寺遍路、京都的洛陽三十三觀音齊名，可說是日本佛教最出名的三大巡拜路線。

＊本尊

即寺院的主尊，通常供奉於本堂正中央。某些寺院的本尊是「祕佛」，並不長期公開展示。以下是遍路八十八寺的本尊（其中第17番井戶寺的本尊是成套的藥師七佛，算作一尊；第37番岩本寺的本尊是五尊不同的佛像，已分開算；所以一共是92尊）：

- 觀音菩薩　30尊
- 藥師如來　24尊
- 阿彌陀如來　10尊
- 大日如來　6尊
- 地藏菩薩　6尊
- 釋迦如來　5尊
- 不動明王　4尊

・虛空藏菩薩　3尊
・文殊菩薩　1尊
・彌勒菩薩　1尊
・毘沙門天　1尊
・大通智勝如來　1尊

有些人會把觀音分拆為不同形象來分開算（如：十一面觀音11尊、千手觀音10尊……等等），所以會說八十八寺裡的藥師如來最多。這只是出於分類、統計方法不同，並無矛盾。

＊祕佛和開帳

「祕佛」，是指平時並不長期公開對外展示的佛像；展示祕佛供人朝拜的活動稱為「開帳」。各寺院展示祕佛的傳統不同：有些寺院在每年的固定日期開放，有的每隔若干年開放一次，有的只在特別情況下展示，甚至有些祕佛是開基以來從未對外展示過的。

＊釋迦如來

梵文 Śākyamuni，即兩千五百多年前印度的釋迦牟尼，是佛教的創始者，本為印度悉達多太子，後經出家、修行、悟道而成就無上佛境，證得圓滿的慈悲和智慧。

釋迦牟尼的形象有多種，最常見的是身穿僧人的三衣、盤腿跏趺而坐，但也有站立相和頭戴寶冠的報身相（如西藏拉薩大昭寺等身佛）等等。

＊阿彌陀如來

即阿彌陀佛，梵文 Amitābha。佛教對阿彌陀佛的信仰，出自《佛說阿彌陀經》、《無量壽經》等。彌陀是西方極樂淨土之主，在日本、漢地及西藏皆被廣為尊崇，故有「家家阿彌陀，戶戶觀世音」之說。

＊大日如來

日本佛教尤其真言宗的重要本尊，梵文 Vairocana，漢譯寫為「毘盧遮那」、「盧舍那」等，原出自《華嚴經》，但因譯音不同，造成後世各佛教宗派對它有不同的解釋。華嚴宗認為毘盧遮那佛為報身佛，是蓮華藏世界的教主。天台宗認為毘盧遮那佛是法身佛、盧舍那佛為報身佛、釋迦牟尼佛為應化身佛。日本真言宗則認為毘盧遮那佛為至高法身佛、金剛界的根本。

＊藥師如來

即藥師佛，梵文 Bhaiṣajyaguru。藥師佛是東方琉璃淨土之主，也是祈求健康、長壽的本尊之一。在佛經中，有不少對藥師佛的介紹，如《藥師如來本願經》、《藥師琉璃光七佛本願功德經》等。

＊大通智勝如來

其梵文是 Mahābhijñā-jñānābhibhū；這是佛教裡很少提及的一尊如來，只在《妙法蓮華經》裡出現過。在遍路寺院裡，也只有第五十五番南光坊供奉這尊如來為本尊。

＊地藏菩薩

地藏菩薩梵名為 Kṣitigarbha，與觀音、文殊、普賢等七菩薩合稱「八大菩薩」，以其久遠劫來屢發弘願「地獄不空、誓不成佛」故，被尊稱為「大願地藏菩薩」，深受中日佛教各宗派所尊崇。

＊觀音菩薩

觀音大士代表了三世十方一切諸佛的大悲，其梵名為 Avalokiteśvara，有多種化相。在日本佛教中，常見的觀音形象包括千手觀音、聖觀音、如意輪觀音、十一面觀音等。

＊虛空藏菩薩

虛空藏菩薩是佛陀的八大菩薩弟子之一，梵名為 Ākāśagarbha。虛空藏法門裡的「求聞持法」，相傳隨求即得增強記憶、見聞不忘的成就。

＊文殊菩薩

文殊菩薩的梵名為Mañjuśrī，他代表一切諸佛的智慧。在遍路八十八寺裡，只有第31番竹林寺以他為本尊。

＊彌勒菩薩

彌勒是佛陀的八大菩薩弟子之一、被預言將會在人間成佛；其梵名為Maitreya，也譯作「慈氏」。彌勒大士是藏傳佛教特別流行的一位本尊，可是在遍路上並不常見，只有第14番常樂寺奉為主尊。

＊不動明王

亦稱「不動使者」或「不動尊」，其梵文名是Acalanātha，乃日本佛教真言宗五大明王主尊、八大明王首座、大日如來的教令輪身。在鎮守東南西北中五個方位的五大明王中，為鎮守中央方位的明王，也是著名的護法神。在日本佛教，東密的信徒多半信奉不動明王，高野山是其道場。在江戶時代，幕府將軍在都城江戶設置有五色不動明王，以祈求政權的和平穩固。

＊毘沙門天

即四大天王裡的多聞天王，梵名Vaiśravaṇa；他身穿甲冑，負責守護北俱盧洲，是印度神話中的北方守護神、知識之神、財神；在日本，毘沙門也是一位重要的武神。遍路上唯一的一尊作為本尊的毘沙門，位於第63番吉祥寺。

＊日本佛教簡史

- 西元六世紀中葉，佛教自中國經朝鮮傳入日本。
- 西元五九三年至西元六二一年，聖德太子攝政年間，下詔興隆佛法，創建寺院，親自宣講佛經及著疏，遣使入唐交流，並以佛教為國教。
- 西元六二五年，高麗沙門慧灌抵日，弘傳三論。
- 西元六五三年，道昭大師入唐，從玄奘大師處習法相，為日本法相宗的初傳。
- 西元七二八年，奈良時代的聖武天皇熱心推展佛教，興建壯麗宏偉的東大寺
- 西元七四三年，聖武天皇頒布詔令，鑄造世界有名的奈良大佛。
- 西元七五四年，唐鑑真大和尚東渡日本，設壇授戒，正式確立日本佛教的戒法，並推崇華嚴思想，以體現其政教合一的理念。此時佛教學風鼎盛，主要宗派有三論、成實、法相、俱舍、律宗和華嚴等六家。
- 西元七九四年至西元八九四年，平安前期，最澄、空海大師等許多僧侶度唐求學，即所謂「入唐八家」，所學皆與密教有關。
- 西元八〇五年，最澄大師渡唐求學歸日，創日本天台宗。
- 西元八〇六年，空海大師在度唐求學後，攜大量經典回到日本，得天皇、朝廷支持，獲賜東寺，又在高野山開山建寺，發展日本真言宗，遍及全國。
- 西元八九四年至西元一〇六八年，平安中葉之後，佛教開始出現新的宗派，如以空也上人與惠心源信大師為代表的念佛往生派等。
- 西元一一八五年至西元一三三三年，鎌倉時代新興宗派紛紛出現，法然上人提倡以稱名念佛為主的淨土宗；榮西禪師提倡兼融台、密、禪的臨濟宗；慈圓上人中興天台宗、貞慶上人中興法相宗；明惠上人提倡華嚴宗的信滿成就論；親鸞上人創立以信心為本的淨土真宗；道

元禪師倡立修證一如的曹洞宗；日蓮上人提倡口念「南無妙法蓮華經」經題為證悟之本的日蓮宗；一遍上人強調以一心念佛為主的時宗。同時，奈良六宗亦有復興之勢，新舊佛教之間產生多元化的互動與影響。

- 西元一三三六年至西元一五七三年，室町時代社會動盪，佛教衰微。唯禪宗一枝獨秀，盛行於社會各階層，也因此產生混合禪味的日本茶道、花道、書道和劍道。

江戶時代的動亂結束後，德川家康努力保護佛教，並將佛教納入封建政權的體系中。他頒布寺院法度，用來制定各宗派所屬寺院的從屬關係，及對寺院的種種規定。又實施寺檀制度，使全國每一個國民都有歸屬護持的寺院。

- 西元一六五四年，隱元禪師赴日弘法，蒙德川將軍賜地施金，開創京都黃檗山萬福寺，其所傳明清禪法迥異於日本臨濟禪與曹洞禪，故被獨立稱為「黃檗宗」，成為與臨濟宗、曹洞宗並立的日本禪宗三大派之一。

- 西元一八五三年至西元一八六八年，江戶末期，儒學與國學積極推展，此時日本神道也應時復興。受到「廢佛毀寺」的影響，佛教又進入黑暗期。

- 西元一八六八年，明治天皇頒布《神佛分離令》，以神道教為國教，又以種種理由迫令僧侶沿用俗姓，甚至鼓勵僧侶食肉帶髮娶妻，佛教大受打擊。一眾新佛教先驅，以世界宗教大勢，評駁政府的宗教政策，大力宣導宗教自由立場，終於通過宗教自由的法律規定，佛教至此才得以渡過困厄時期，進入新的時代。

此後，自由研究佛學的新風氣普遍展開，佛教大學的建立、經典的整理，以及佛學辭典的編纂發行等工作，更充實了日本現代佛學的內容。

〔寫於遍路上的詩歌〕

這個
曾經深一腳、淺一腳
走過的輪迴
這個
曾經暖過我，又冷我的人間
不必浪費一座青山哪怕
一粒塵埃
埋我
一半的我已經空行而去
一半的我
將乘願而來

扎西拉姆・多多

各寺一覽表

京都三弘法

寺號	山號	宗派	本尊	備註
東寺	八幡山	東寺真言宗總本山	藥師如來	＊代表物：斗笠 ＊又稱教王護國寺，全名為金光明四天王教王護國寺秘密傳法院
仁和寺	大內山	真言宗御室派總本山	阿彌陀如來	＊代表物：手杖
神光院	放光山	真言宗單立	空海大師	＊代表物：香袋 ＊又稱厄除神光院

德島縣（阿波國）發心道場

番號	寺號	山號	宗派	本尊	徒步距離	備註
1	靈山寺	竺和山	高野山真言宗	釋迦如來	下一番 1.2 公里	
2	極樂寺	日照山	高野山真言宗	阿彌陀如來	下一番 2.5 公里	
3	金泉寺	龜光山	高野山真言宗	釋迦如來	下一番 5 公里	
4	大日寺	黑巖山	東寺真言宗	大日如來	下一番 2 公里	
5	地藏寺	無盡山	真言宗御室派	勝軍地藏	下一番 5.3 公里	
6	安樂寺	溫泉山	高野山真言宗	藥師如來	下一番 1 公里	＊驛路寺之一
7	十樂寺	光明山	真言宗單立	阿彌陀如來	下一番 4.2 公里	
8	熊谷寺	普明山	高野山真言宗	千手觀音	下一番 2.5 公里	
9	法輪寺	正覺山	高野山真言宗	涅槃釋迦如來	下一番 3.8 公里	
10	切幡寺	得度山	高野山真言宗	千手觀音	下一番 9.8 公里	
11	藤井寺	金剛山	臨濟宗妙心寺派	藥師如來	下一番 12.5 公里	
12	燒山寺	摩廬山	高野山真言宗	虛空藏菩薩	下一番 21.5 公里	＊阿波國三大難所 ＊遍路第二高寺院
13	大日寺	大栗山	真言宗大覺寺派	十一面觀音	下一番 2.5 公里	
14	常樂寺	盛壽山	高野山真言宗	彌勒菩薩	下一番 1 公里	
15	國分寺	藥王山	曹洞宗	藥師如來	下一番 1.7 公里	＊阿波國國分寺
16	觀音寺	光耀山	高野山真言宗	千手觀音	下一番 3 公里	
17	井戶寺	瑠璃山	真言宗善通寺派	藥師七佛	下一番 19 公里	
18	恩山寺	母養山	高野山真言宗	藥師如來	下一番 4 公里	
19	立江寺	橋池山	高野山真言宗	延命地藏菩薩	下一番 14 公里	＊阿波國關所 ＊四國遍路總關所
20	鶴林寺	靈鷲山	高野山真言宗	地藏菩薩	下一番 6.5 公里	＊阿波國三大難所
21	太龍寺	舍心山	高野山真言宗	虛空藏菩薩	下一番 12 公里	＊阿波國三大難所
22	平等寺	白水山	高野山真言宗	藥師如來	下一番 21 公里	
23	藥王寺	醫王山	高野山真言宗	厄除藥師如來	下一番 83.5 公里	

高知縣（土佐國）修行道場

番號	寺號	山號	宗派	本尊	徒步距離	備註
24	最御崎寺	室戶山	真言宗豐山派	虛空藏菩薩	下一番 7 公里	
25	津照寺	寶珠山	真言宗豐山派	楫取地藏	下一番 4 公里	
26	金剛頂寺	龍頭山	真言宗豐山派	藥師如來	下一番 30.5 公里	
27	神峰寺	竹林山	真言宗豐山派	十一面觀音	下一番 38.5 公里	* 土佐國關所
28	大日寺	法界山	真言宗智山派	大日如來	下一番 9 公里	
29	國分寺	摩尼山	真言宗智山派	千手觀音	下一番 7 公里	* 土佐國國分寺 * 土佐星供根本道場
30	善樂寺	百々山	真言宗豐山派	阿彌陀如來	下一番 7.5 公里	
31	竹林寺	五台山	真言宗智山派	文殊菩薩	下一番 6 公里	* 日本三大文殊之一 * 高知三大名園之一 * 高知縣唯一一座五重塔，遍路四座五重塔之一
32	禪師峰寺	八葉山	真言宗豐山派	十一面觀音	下一番 7.5 公里	
33	雪蹊寺	高福山	臨濟宗妙心寺派	藥師如來	下一番 6.5 公里	
34	種間寺	本尾山	真言宗豐山派	藥師如來	下一番 9.5 公里	
35	清瀧寺	醫王山	真言宗豐山派	藥師如來	下一番 15 公里	
36	青龍寺	獨鈷山	真言宗豐山派	波切不動明王	下一番 55.5 公里	
37	岩本寺	藤井山	真言宗智山派	阿彌陀如來 觀世音菩薩 不動明王 藥師如來 地藏菩薩	下一番 86.5 公里	* 歡喜天
38	金剛福寺	蹉跎山	真言宗豐山派	三面千手觀音	下一番 56 公里	
39	延光寺	赤龜山	真言宗智山派	藥師如來	下一番 30 公里	

・愛媛縣（伊予國）菩提道場

番號	寺號	山號	宗派	本尊	徒步距離	備註
40	觀自在寺	平城山	真言宗大覺寺派	藥師如來	下一番 48 公里	＊裡關所
41	龍光寺	稻荷山	真言宗御室派	十一面觀音	下一番 3 公里	
42	佛木寺	一𥰌山	真言宗御室派	大日如來	下一番 11 公里	
43	明石寺	源光山	天台寺門宗	千手觀音	下一番 70 公里	＊遍路四座天台宗寺院之一
44	大寶寺	菅生山	真言宗豐山派	十一面觀音	下一番 9 公里	＊遍路中札所
45	岩屋寺	海岸山	真言宗豐山派	不動明王	下一番 17.5 公里	
46	淨瑠璃寺	醫王山	真言宗豐山派	藥師如來	下一番 1 公里	
47	八坂寺	熊野山	真言宗醍醐派	阿彌陀如來	下一番 4.5 公里	
48	西林寺	清瀧山	真言宗豐山派	十一面觀音	下一番 3 公里	
49	淨土寺	西林山	真言宗豐山派	釋迦如來	下一番 1.5 公里	
50	繁多寺	東山	真言宗豐山派	藥師如來	下一番 2.5 公里	＊歡喜天
51	石手寺	熊野山	真言宗豐山派	藥師如來	下一番 10.5 公里	
52	太山寺	瀧雲山	真言宗智山派	十一面觀音	下一番 2 公里	
53	圓明寺	須賀山	真言宗智山派	阿彌陀如來	下一番 34.5 公里	
54	延命寺	近見山	真言宗豐山派	不動明王	下一番 3.6 公里	
55	南光坊	別宮山	真言宗御室派	大通智勝如來	下一番 3.1 公里	＊唯一稱為「坊」的寺院 ＊唯一供奉大通智勝如來作為本尊
56	泰山寺	金輪山	真言宗醍醐派	地藏菩薩	下一番 3 公里	
57	榮福寺	府頭山	高野山真言宗	阿彌陀如來	下一番 2.5 公里	
58	仙遊寺	作禮山	高野山真言宗	千手觀音	下一番 6.2 公里	
59	國分寺	金光山	真言律宗	藥師如來	下一番 33 公里	＊伊予國國分寺
60	橫峰寺	石鈇山	真言宗御室派	大日如來	下一番 10 公里	＊伊予國關所 ＊遍路第三高寺院
61	香園寺	栴檀山	真言宗御室派	大日如來	下一番 1.5 公里	
62	寶壽寺	天養山	高野山真言宗	十一面觀音	下一番 1.4 公里	
63	吉祥寺	密教山	東寺真言宗	毘沙門天	下一番 3.5 公里	＊唯一供奉毗沙門天作為本尊
64	前神寺	石鈇山	真言宗石鈇派	阿彌陀如來	下一番 45 公里	＊佛教真言宗石鈇派總本山、石鈇山修驗道根本道場
65	三角寺	由靈山	高野山真言宗	十一面觀音	下一番 20.5 公里	

・香川縣（讚岐國）涅槃道場

番號	寺號	山號	宗派	本尊	徒步距離	備註
66	雲邊寺	巨鼇山	真言宗御室派	千手觀音	下一番 13.5 公里	＊讚岐國關所 ＊遍路第一高寺院
67	大興寺	小松尾山	真言宗善通寺派	藥師如來	下一番 9 公里	
68	神惠院	七寶山	真言宗大覺寺派	阿彌陀如來	下一番 0 公里	*68、69 番共用同一座山門、納經處，唯一的一山二靈場
69	觀音寺	七寶山	真言宗大覺寺派	聖觀音	下一番 4.7 公里	
70	本山寺	七寶山	高野山真言宗	馬頭觀音	下一番 12.2 公里	＊遍路四座五重塔之一
71	彌谷寺	劍五山	真言宗善通寺派	千手觀音	下一番 4 公里	
72	曼荼羅寺	我拜師山	真言宗善通寺派	大日如來	下一番 0.4 公里	
73	出釋迦寺	我拜師山	真言宗御室派	釋迦如來	下一番 2.5 公里	
74	甲山寺	醫王山	真言宗善通寺派	藥師如來	下一番 1.5 公里	
75	善通寺	五岳山	真言宗善通寺派總本山	藥師如來	下一番 2.3 公里	＊日本真言宗三大祖庭之一 ＊遍路四座五重塔之一 ＊大師的生地
76	金倉寺	雞足山	天台寺門宗	藥師如來	下一番 3.9 公里	＊遍路四座天台宗寺院之一
77	道隆寺	桑多山	真言宗醍醐派	藥師如來	下一番 7.1 公里	
78	鄉照寺	佛光山	時宗	阿彌陀如來	下一番 6.3 公里	＊遍路八十八寺唯一一座時宗的札所
79	天皇寺	金華山	真言宗御室派	十一面觀音	下一番 6.3 公里	
80	國分寺	白牛山	真言宗御室派	十一面千手觀音	下一番 6.7 公里	＊讚岐國國分寺
81	白峰寺	綾松山	真言宗御室派	千手觀音	下一番 4.6 公里	
82	根香寺	青峰山	天臺台宗	千手觀音	下一番 13.3 公里	＊遍路四座天台宗寺院之一
83	一宮寺	神毫山	真言宗御室派	聖觀音	下一番 13.7 公里	
84	屋島寺	南面山	真言宗御室派	十一面千手觀音	下一番 7.2 公里	
85	八栗寺	五劍山	真言宗大覺寺派	聖觀音	下一番 6.5 公里	＊歡喜天
86	志度寺	補陀落山	真言宗善通寺派	十一面觀音	下一番 7 公里	＊遍路四座五重塔之一

87	長尾寺	補陀落山	天臺台宗	聖觀音	下一番 15.6 公里	* 遍路四座天台宗寺院之一
88	大窪寺	醫王山	真言宗單立	藥師如來	距離第 1 番靈山寺約 40 公里	

☆ 別格

番號	寺號	山號	宗派	本尊	和遍路距離	備註
1	大山寺	佛王山	真言宗醍醐派	千手觀音	距離遍路第 5 番地藏寺 6.5 公里／第 6 番安樂寺 6.8 公里	
2	童學寺	東明山	真言宗善通寺派	藥師如來	距離遍路第 12 番燒山寺約 19 公里	
3	慈眼寺	月頂山	高野山真言宗	十一面觀音	距離遍路第 20 番鶴林寺約 19 公里	* 遍路第 20 番鶴林寺的奧之院
4	八坂寺	八坂山	高野山真言宗	空海大師	距離遍路第 23 番藥王寺 19.7 公里	* 鯖大師本坊
5	大善寺	八幡山	高野山真言宗	空海大師	距離遍路第 36 番青龍寺 25.3 公里	
6	福壽寺	臨海山	高野山真言宗	十一面觀音	距離遍路第 40 番觀自在寺 40.3 公里	* 遍路第 40 番觀自在寺的奧之院
7	出石寺	金山	真言宗御室派	千手觀音	距離遍路第 43 番明石寺 14.4 公里	
8	永德寺	正法山	真言宗御室派	彌勒菩薩	距離遍路第 43 番明石寺 25.5 公里／第 44 番大寶寺 51.3 公里	* 十夜ヶ橋
9	文殊院	大法山	真言宗醍醐派	地藏／文殊菩薩	距離遍路第 47 番八坂寺 1 公里	
10	西山興隆寺	佛法山	真言宗醍醐派	千手觀音	距離遍路第 59 番國分寺 17.3 公里	
11	正善寺	生木山	高野山真言宗	生木地藏	距離遍路第 59 番國分寺 17.3 公里	
12	延命寺	摩尼山	真言宗御室派	延命地藏菩薩	距離遍路第 64 番前神寺 27.4 公里	* 千枚通本坊
13	仙龍寺	金光山	真言宗大覺寺	空海大師	距離遍路第 65 番三角寺 4.1 公里	
14	常福寺	邦治山	高野山真言宗	延命地藏菩薩／非核不動尊	距離遍路第 65 番三角寺 4.1 公里	* 椿堂

15	箸藏寺	寶珠山	真言宗御室派	金毘羅大權現	距離遍路第 65 番三角寺 19.1 公里	＊金刀比羅宮的奧之院
16	萩原寺	巨鼇山	真言宗大覺寺派	伽羅陀山火伏地藏	距離遍路第 65 番三角寺 19.1 公里	＊萩寺
17	神野寺	五穀山	真言宗善通寺派	藥師如來	距離遍路第 75 番善通寺 12.5 公里	＊築池靈場 ＊滿濃池大師
18	海岸寺	經納山	真言宗醍醐派	聖觀音／空海大師誕生像	距離遍路第 71 番彌谷寺 3.6 公里	＊空海大師出生聖地
19	香西寺	寶幢山	真言宗大覺寺派	地藏菩薩	距離遍路第 82 番根香寺 4.6 公里	
20	大瀧寺	福大山	真言宗御室派	西照大權現	距離遍路第 82 番根香寺 4.6 公里	＊與遍路第 88 番大窪寺有密切關係，有所謂「東大窪、西大瀧」的說法。 ＊別格二十寺裡的最高海拔寺院

同行二人，四國遍路

作　　者　扎西拉姆．多多、林聰
責任編輯　徐藍萍
編輯協力　張沛然

版　　權　吳亭儀、江欣瑜
行銷業務　周佑潔、賴正祐
總 編 輯　徐藍萍
總 經 理　彭之琬
事業群總經理　黃淑貞
發 行 人　何飛鵬
法律顧問　元禾法律事務所王子文律師
出　　版　商周出版　台北市南港區昆陽街 16 號 4 樓
電話：(02) 25007008　傳真：(02)25007759
E-mail：ct-bwp@cite.com.tw　Blog：http://bwp25007008.pixnet.net/blog
發　　行　英屬蓋曼群島商家庭傳媒股份有限公司城邦分公司
台北市南港區昆陽街 16 號 5 樓
書虫客服服務專線：02-25007718　02-25007719
24 小時傳真服務：02-25001990　02-25001991
服務時間：週一至週五 9:30-12:00　13:30-17:00
劃撥帳號：19863813　戶名：書虫股份有限公司
讀者服務信箱 E-mail：service@readingclub.com.tw
香港發行所　城邦（香港）出版集團有限公司　香港九龍九龍城土瓜灣道 86 號順聯工業大廈 6 樓 A 室
E-mail: hkcite@biznetvigator.com　電話：(852)25086231　傳真：(852)25789337
馬新發行所　城邦（馬新）出版集團 Cite (M) Sdn Bhd
41, Jalan Radin Anum, Bandar Baru Sri Petaling, 57000 Kuala Lumpur, Malaysia.
Tel：(603)90563833　Fax：(603)90576622　Email：services@cite.my

攝　　影　唐大年、林聰、扎西拉姆．多多
封面設計　張燕儀
印　　刷　卡樂彩色製版印刷有限公司
總 經 銷　聯合發行股份有限公司　新北市 231 新店區寶橋路 235 巷 6 弄 6 號 2 樓
電話：(02) 2917-8022　傳真：(02) 2911-0053

■2024年2月27日初版
■2024年4月16日初版2.1刷

Printed in Taiwan

定價480元

城邦讀書花園
www.cite.com.tw

線上版回函卡

ISBN 978-626-390-012-7

國家圖書館出版品預行編目(CIP)資料

同行二人，四國遍路 / 扎西拉姆．多多；林聰著 . -- 初版 . -- 臺北市：商周出版：英屬蓋曼群島商家庭傳媒股份有限公司城邦分公司發行 , 2024.03
面；　公分
ISBN 978-626-390-012-7（平裝）

1.CST: 朝聖 2.CST: 遊記 3.CST: 日本四國

731.779　112022006